**essentials**

*Essentials* liefern aktuelles Wissen in konzentrierter Form. Die Essenz dessen, worauf es als „State-of-the-Art" in der gegenwärtigen Fachdiskussion oder in der Praxis ankommt. *Essentials* informieren schnell, unkompliziert und verständlich

- als Einführung in ein aktuelles Thema aus Ihrem Fachgebiet
- als Einstieg in ein für Sie noch unbekanntes Themenfeld
- als Einblick, um zum Thema mitreden zu können

Die Bücher in elektronischer und gedruckter Form bringen das Fachwissen von Springerautor*innen kompakt zur Darstellung. Sie sind besonders für die Nutzung als eBook auf Tablet-PCs, eBook-Readern und Smartphones geeignet. *Essentials* sind Wissensbausteine aus den Wirtschafts-, Sozial- und Geisteswissenschaften, aus Technik und Naturwissenschaften sowie aus Medizin, Psychologie und Gesundheitsberufen. Von renommierten Autor*innen aller Springer-Verlagsmarken.

Hans-Jörg Naumer

# Kapitaleinkommen in Zeiten der Disruption

Lassen Sie Ihr Geld für sich arbeiten

 Springer Gabler

Hans-Jörg Naumer (ID)
Allianz Global Investors GmbH
Frankfurt am Main, Deutschland

ISSN 2197-6708          ISSN 2197-6716   (electronic)
essentials
ISBN 978-3-658-49198-7          ISBN 978-3-658-49199-4   (eBook)
https://doi.org/10.1007/978-3-658-49199-4

Die Deutsche Nationalbibliothek verzeichnet diese Publikation in der Deutschen Nationalbibliografie; detaillierte bibliografische Daten sind im Internet über https://portal.dnb.de abrufbar.

Springer Gabler ist ein Imprint der eingetragenen Gesellschaft Springer Fachmedien Wiesbaden GmbH und ist ein Teil von Springer Nature.
Die Anschrift der Gesellschaft ist: Abraham-Lincoln-Str. 46, 65189 Wiesbaden, Germany

Wenn Sie dieses Produkt entsorgen, geben Sie das Papier bitte zum Recycling.

# Vorwort

Wir leben in hoch disruptiven Zeiten, und merken gar nicht, wie so manche Gewohnheit, so manche Verlässlichkeit längst hinterfragt werden müsste. Sich auf das Arbeitseinkommen als Haupteinkommensquelle zu verlassen, während die Rente immer unsicherer wird, die Lebenserwartung steigt, und die künstliche Intelligenz in die Arbeitswelt vordringt, ist keine gute Strategie. Die staatlichen Transfers können kaum noch gesteigert werden. Statistisches Bundesamt wie Rentenversicherung geben ein klares Bild: Die Staatsquote liegt in Deutschland bei fast 50 %. Die gesetzliche Rente wird mit jährlich mehr als 100 Mrd. an Steuergeldern alimentiert. Die jährlichen Sozialausgaben haben in Deutschland längst die Billionengrenze überschritten. Sie sprengen jeden Haushalt und lassen nicht genug für öffentliche Investitionen. Dabei wird der dritte Lebensabschnitt immer länger.

Während die Langlebigkeit steigt, verändern sich Lebenswünsche: die Vier-Tage-Woche, ein Sabbatical, mehr Zeit und Ausgaben für Hobbies, Großeltern-Bafög, „Mieteinnahmen" nur ohne Mieter … Ein zweites Gehalt, eine zusätzliche Rente, das wäre doch was, oder?

Warum also nicht Arbeits- mit Kapitaleinkommen verbinden? Die Zeit ist reif für Kapitaleinkommen. Wie das gehen kann? Genau darum geht es in diesem *essential*. Es zeigt, wie Sie Ihr Geld für sich arbeiten lassen können.

Was nicht fehlen darf: Die Danksagungen. Mein Kollege Jörg Lerch hat mich mit geradezu missionarischem Eifer auf das Thema Kapitaleinkommen gebracht. Lucas Schulz und Moritz Wind danke ich für die Datenarbeit und das Korrekturlesen. Klaus Papenbrock für sein wertvolles Feedback. Meiner Lektorin Dr.

Isabella Hanser bin ich sehr dankbar, dass sie sich auf dieses Projekt eingelassen und meinem „Bauchgefühl" vertraut hat.

Dr. Hans-Jörg Naumer ⓘ

**Competing Interests** Der/die Autor*in hat keine für den Inhalt dieses Manuskripts relevanten Interessenkonflikte.

# Was Sie in diesem *Essential* finden können

- Wie Sie es schaffen, dass die Roboter für Sie und nicht Sie für die Roboter arbeiten.
- Was Sie tun sollten, damit Ihnen bei einem langen Lebensabend nicht das Geld ausgeht.
- Kurz: Wie Sie Kapitaleinkommen als zweites Gehalt oder als zweite Renten beziehen.

# Inhaltsverzeichnis

# Zeiten der Disruption

**1**

**Wir leben in Zeiten großer, disruptiver Veränderungen.** Während die Menschheit – nicht nur in Deutschland – immer älter wird, werden die Algorithmen und Roboter immer „smarter". Dank Künstlicher Intelligenz übernehmen sie mehr und mehr Aufgaben, die bisher Menschen vorbehalten waren. Während immer mehr Ältere bei steigender Lebenserwartung immer länger Rente beanspruchen, rücken immer weniger Jüngere nach, um die Löcher der gesetzlichen Rentenversicherung zu füllen. Die gesetzliche Rentenversicherung ist demographisch längst k.o., denn: „Das Methusalem-Komplott" (Frank Schirrmacher, 2006) findet statt. Beides – künstliche Intelligenz wie Demographie – wird nicht ohne Auswirkungen auf unser Einkommen bleiben.

## 1.1 Demographie: „Das Methusalem-Komplott" findet statt

Was Frank Schirrmacher es so treffend auf den Punkt gebracht hat, zeigt sich Jahre nach dem Erscheinen seines Buches noch viel deutlicher als damals. Dabei läuft Demographie ab wie ein Uhrwerk, ist also auch auf lange Zeiträume hin innerhalb eines Korridors möglicher Entwicklungen gut prognostizierbar.

Schirrmacher ging es darum, dass die Jüngeren im gesetzlichen Rentensystem die Gekniffenen sind. Bei einem Umlageverfahren und einer alternden Bevölkerung zahlen immer weniger Arbeitende für immer mehr Empfänger in die gesetzliche Rente ein, welche im Schnitt immer länger leben und so immer länger Rentenzahlungen erhalten. Nachhaltigkeit im Rentensystem sieht anders aus. Dabei ist die demographische Entwicklung in Deutschland bereits kurz nach

© Der/die Autor(en), exklusiv lizenziert an Springer Fachmedien Wiesbaden GmbH, ein Teil von Springer Nature 2025
H. Naumer, *Kapitaleinkommen in Zeiten der Disruption*, essentials, https://doi.org/10.1007/978-3-658-49199-4_1

dem Jahrtausendwechsel gekippt. Seither geht der Anteil der 14–64-jährigen an der Gesamtbevölkerung immer weiter zurück – mit einer sich beschleunigenden Tendenz. Dieser Altersbereich wird statistisch als jener Anteil der Bevölkerung angesetzt, der als erwerbsfähig gilt. Im Jahr 2050 soll diese Relation gem. der Bevölkerungsprognose der Vereinten Nationen dann bei Pari stehen. Anders ausgedrückt: Auf einen Menschen, der – statistisch betrachtet – als im arbeitsfähigen Alter betrachtet wird, kommt einer, der mit hoher Wahrscheinlichkeit in Rente ist oder noch nicht im erwerbsfähigen Alter ist. Daraus folgt: Es scheiden zunehmend mehr Menschen aus dem Berufsleben aus, als neue dazustoßen. Das Erwerbspersonenpotential nimmt ab. In diesem Jahrzehnt durchschnittlich um ca. 400.000 Personen pro Jahr. Dazu kommt: Die Lebenserwartung steigt weiter und mit ihr die Rentenbezugsdauer. Lag die Lebenserwartung eines 2024 geborenen Kindes in Deutschland leicht über 82 Jahren, soll sie nach Schätzungen der Vereinten Nationen bis 2050 auf knapp 86 weiter ansteigen. Zum Vergleich: Mitte der 60'er Jahre, zum Höhepunkt der Babyboomer, lag die Lebenserwartung eines Neugeborenen noch bei knapp 71. Aber nicht nur das.

**Wer länger lebt, kann auch erwarten, immer älter zu werden, da er die Sterbewahrscheinlichkeiten der Lebensjahre davor überlebt hat.**
Die Rentenbezugsdauer steigt also ebenfalls immer weiter (Abb. 1.1). Das wird gerne unterschätzt, weil die meisten Menschen nur die Lebenserwartung Neugeborener im Kopf haben, statt jene, die ihrem Alter auch entspricht. Bsp.: 1950 lag die durchschnittliche Rest-Lebenserwartung eines 67 Jahre alten Mannes bei 11,07. Ein 67-jähriger Rentner kann heutzutage erwarten noch knapp 17 Jahre zu leben. 2050 soll der Wert bei knapp 20 liegen. Bei Frauen sieht die Entwicklung ähnlich aus. 1950 konnte eine Frau mit 67 Jahren erwarten noch 12,45 Jahre zu leben. Heutzutage sind es knapp 20. Bis 2050 soll dieser Wert auf gut 22 Jahre steigen.

▶   **Tipp**
    Wer es präziser wissen will, wie hoch seine persönliche Lebenserwartung ist, dem empfehle ich den Lebenserwartungsrechner des DIA – Deutsches Institut für Altersvorsorge. Unter https://wie-alt-werde-ich. de/#start lässt sich die persönliche Situation sehr viel feinkörniger durchleuchten.
        Interessant ist z. B. auch, wie sich Rauchen auf die persönliche Lebenserwartung auswirkt.

**Rest-Lebenserwartung (in Jahren) im Alter von 67**
Deutschland

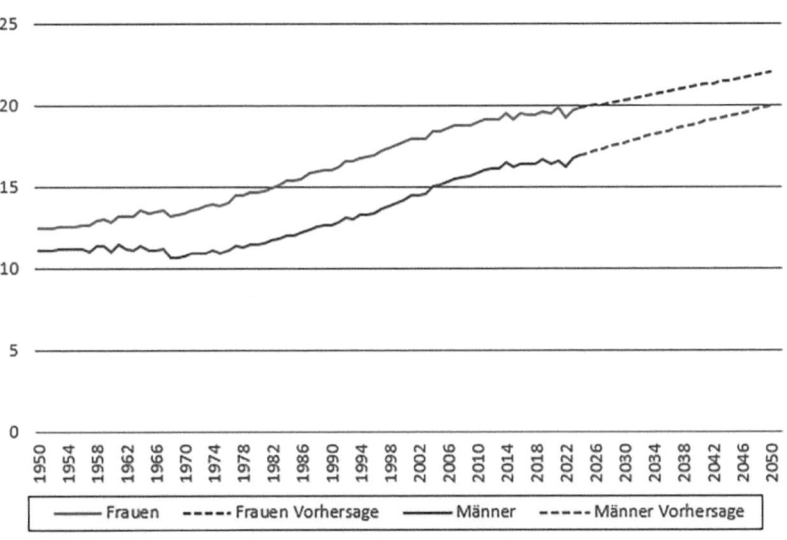

Quelle: UN Population Division, AllianzGI Global Capital Markets & Thematic Research Stand: Oktober 2024

**Abb. 1.1**  Wer länger lebt, kann auch erwarten, immer älter zu werden

In Deutschland scheint dabei zu gelten: Rentenalter ist Rentenalter. Ist die Altersgrenze erreicht, fällt der Hammer. Im internationalen Vergleich fällt auf, dass in Deutschland der Anteil derer, die mit 65 + noch arbeiten, deutlich geringer ist als im Durchschnitt der Vergleichsländer (Abb. 1.2). Bei den Männern sind es, gem. der Erhebung der International Labour Organisation (ILO) ca. 10 %, bei den Frauen 5,5 %. Der internationale Durchschnitt liegt bei 23 % bzw. 10,5 %.

Während die Menschen in Deutschland immer länger Rente beziehen, und immer mehr Menschen aus dem Arbeitsleben ausscheiden als neue hinzukommen, gerät die gesetzliche Rentenversicherung immer weiter unter Druck. Sie ist als Umlagesystem konzipiert, d. h. sie basiert darauf, dass die Renten, welche heute ausgezahlt werden, von den Beschäftigten auch heute eingezahlt werden. Eine Kapitaldeckung fehlt völlig. Dieses „Hand-in-den-Mund-Prinzip" funktioniert nicht mehr. Schon jetzt bedarf es hoher Zuschüsse des Staates, um die Auszahlungen an die heutigen Rentner zu ermöglichen. Künftig wird der Druck auf das Umlagesystem, Demographie bedingt, noch weiter steigen.

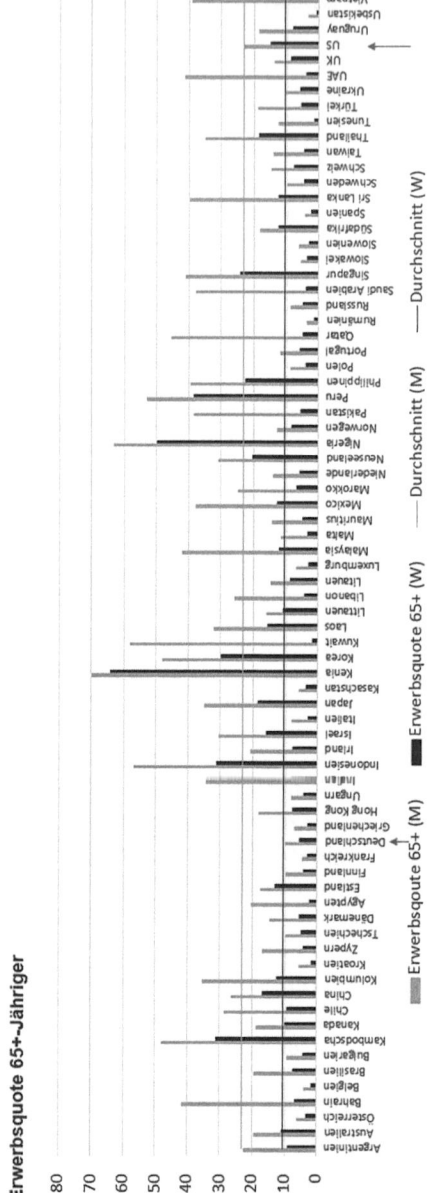

**Abb. 1.2**  Länger leben – länger in Rente

Quelle: ILO, „Allianz Global Investors, Global Capital Markets & Thematic Research Stand: Oktober 2022"

Eine Reformoption wäre, zumindest anteilig auf eine private Altersvorsorge umzustellen, die auf Kapitaldeckung basiert. D. h. die Bürger könnten z. B. einen Teil ihrer Beiträge statt in die gesetzliche Rente in eine private Altersvorsorge einzahlen, die Ihnen dann im Alter zur Verfügung steht.

## Das „Methusalem-Komplott" findet statt

Während die Langlebigkeit in Deutschland weiter steigt, immer mehr Menschen in Rente gehen als neue auf den Arbeitsmarkt dazu stoßen, gerät die gesetzliche Rentenversichereng immer mehr unter Druck. Zeit also, sich um sein eigenes Kapitaleinkommen (nicht nur, aber auch) für die Altersvorsorge zu kümmern.

Und: Wie gut, dass die smarten Algorithmen und Maschinen kommen, und uns einen Teil der Arbeit abnehmen.◄

## 1.2 Arbeiten die Roboter für Sie oder arbeiten Sie für die Roboter?

Der Siegeszug der Digitalisierung ist ein Siegeszug aus rasant steigender Rechenleistung von Computern bei einem gleichzeitig dramatischen Kostenverfall für Speicher-Hardware. Beispiel: Lagen die Kosten pro Megabyte Arbeitsspeicher 1961 noch bei über 5 Mio. US-Dollar, lagen sie, laut der frei zugänglichen Datenbank „Our World in Data" 2008 bereits unter einem US-Cent. Mittlerweile sind es nur noch Bruchteile davon. Gleichzeitig hat die Rechenleistung ihre exponentielle Entwicklung fortgeschrieben, wobei es innerhalb des letzten Jahrzehnts zu einer geradezu dramatischen Beschleunigung kam. Ein Supercomputer aus dem Jahr 2021 verarbeitet in einer Sekunde mehr als das 3,5 Millionenfache an Gleitkommaoperationen wie sein Vorläufer aus dem Jahr 1993.

Schnelligkeit und der Verfall der Speicherkosten legen die Grundlage für „KI", die Künstliche Intelligenz (englisch: „Artificial Intelligence"). Denn die Schnelligkeit der Computer ist bei Künstlicher Intelligenz nicht alles. Es geht um mehr, nämlich um Datenverfügbarkeit. Je mehr Daten einer KI zu Trainings- und Lernzwecken zur Verfügung stehen, desto besser. Der große Unterschied von AI zum menschlichen Gehirn ist dabei: Während Letzteres in seinen Kapazitäten begrenzt ist, können Computerkapazitäten schier unbegrenzt ausgebaut werden.

**Die technologische Entwicklung wird auch an den Arbeitsmärkten nicht vorbeigehen, im Gegenteil.**Man muss dabei nicht so weit gehen wie Jeremy Rifkin (2014), um Umbrüche festzustellen. Rifkin proklamierte bereits 1998 in seinem gleichnamigen Buch „Das Ende der Arbeit" – eine These, die er mit seinem Buch „The Zero Marginal Cost Society – Die Null-Grenzkosten-Gesellschaft" weiterentwickelte und verstärkte.

Brynjolfsson und McAfee (2014) führen die Vorhersage fort, dass es, wenn schon nicht zum Ende der menschlichen Arbeit, so doch zu radikalen Veränderungen in der Arbeitswelt kommt. Das „zweite Maschinenzeitalter", das sie heraufkommen sehen, würde – anders als das erste – nicht mehr die Produktivität des Faktors Arbeit durch die Kombination Arbeit und Kapital (also Maschine) heben. Vielmehr würde es Arbeit durch Kapital ersetzen, so ihre Prognose. Dahinter stecken zunehmende kognitive Fähigkeiten der Maschinen. Maschinen wie Programmen werde es ermöglicht, auch in sehr anspruchsvolle Tätigkeitsfelder vorzustoßen, die bisher dem Menschen vorbehalten waren.

Frey und Osborne (2013) untersuchen die Auswirkungen der Digitalisierung auf über 700 Beschäftigungszweige der US-Ökonomie. Sie kommen dabei zu dem Schluss, dass über 47 % aller Beschäftigungen in den USA einem hohen und weitere 19 % einem mittleren Risiko der Computerisierung unterliegen. Allerdings: Das Modell hat seine Schwächen. Zum Beispiel rifft es keine Aussage über die Zeit, innerhalb derer sich die Veränderungen vollziehen. Auch bezieht sie sich auf bestehende Jobs, geht aber nicht auf neu entstehende ein.

Die viel beachtete Studie ist nicht ohne Widerspruch geblieben. Das ZEW z. B. setzte darauf auf, legte allerdings Tätigkeitsstrukturen zugrunde und kommt zu deutlich niedrigeren Prozentsätzen für die USA und Deutschland, was die Automatisierbarkeit betrifft (Bonin et al., 2013).

Neben die Frage, welche Arten von Arbeiten für den Menschen noch bleiben werden und wie viele Stellen es geben wird, tritt zwangsläufig auch die Frage nach deren Bezahlung. Arbeitsökonom Richard Freeman sieht hier einen Paradigmenwechsel im Zusammenspiel von menschlicher und Maschinenarbeit. Er spricht von einer „vierten Industriellen Revolution", in der sich die komparativen Vorteile der Arbeit zugunsten der Maschinen verschieben.[1] Maschinen

---

[1] Die Theorie der komparativen (Kosten-)Vorteile geht auf den Ökonomen David Ricardo (18.4. 1772–11.9.1823) zurück, und begründet ursprünglich die Vorteilhaftigkeit des Handels. Zwar könne ein Land absolute Kostenvorteile bei allen Gütern gegenüber einem anderen Land haben. Wenn sich aber beide Länder auf jeweils die Produktion jener Güter kaprizieren, die sie relativ kostengünstiger als das andere Land produzieren, habe beide etwas davon.

stießen immer stärker in hochbezahlte, mit kognitiver Arbeit verbundene Tätigkeiten vor. Menschliche Arbeitskraft werde zwar auch weiterhin eingesetzt werden, sie müsse aber immer stärker mit preiswerter Maschinenarbeit konkurrieren. Bisher sei es umgekehrt gewesen: Die Maschinen übernehmen Routinearbeiten. Schwere, körperliche Arbeit wurde auf sie verlagert. Die Menschen konnten in höher bezahlte, kognitive Tätigkeiten vorstoßen (Freeman 2018). David Autor kann diese Entwicklung mit seiner aus dem Jahr 2014 stammenden Studie für eine ganze Reihe an Ländern bereits bestätigen. Er kann nachweisen, dass es für die USA und eine Reihe europäischer Staaten während der Jahre 1993- 2006 der Anteil gut und schlecht bezahlter Jobs an der Gesamtbeschäftigung stieg, während der Anteil mittlerer Bezahlung zurückging (Autor 2013).

In einer auf Deutschland bezogenen Analyse kommen Dauth et al. zu ähnlichen Ergebnissen: Zwar sei kein unmittelbarer Arbeitsplatzverlust durch den Einsatz von Robotern nachweisbar, aber es sei zu Verlagerungen und Veränderungen der Tätigkeiten gekommen, verbunden mit negativen Auswirkungen auf das Einkommen von Arbeitnehmern mit mittlerem Qualifikationsprofil (Südekum 2018). Es gibt also Belege für die Freeman-These, wenn auch – mit Blick auf den in einzelnen Ländern gestiegenen Anteil an hochbezahlten Jobs – noch keine eindeutigen.

Vor „Historizismus[2]"sei gewarnt, da weder die weitere technologische Entwicklung noch Präferenzveränderungen vorausgesagt werden können, und die Studien in ihren Vorhersagen zum Teil sehr deutlich voneinander abweichen. Unbestreitbar ist, dass es an den Arbeitsmärkten zu starken Veränderungen kommen dürfte, ja diese bereits eingesetzt haben. Grund genug, darüber nachzudenken, wie das Arbeitseinkommen durch Kapitaleinkommen ergänzt werden kann.[3]

## Lassen Sie die Roboter für sich arbeiten!

In einer Welt starken demographischen Wandels kommen die „smarten" Maschinen gerade richtig, um Arbeiten zu übernehmen, die von Menschen nicht mehr durchgeführt werden können. Dabei ist die Frage entscheidend (Freeman, 2018): „Arbeiten Sie für die Roboter, oder arbeiten die Roboter für Sie?" Besser, wenn die Roboter für Sie arbeiten. Wie das geht? Durch Beteiligungen an unternehmerischem Kapital, also Aktien. Wer Aktien besitzt, besitzt

---

[2] Der Philosoph Karl Popper kritisierte die Vorstellung einer geschichtlichen Notwendigkeit von Gesetzmäßigkeiten als Irrglaube. Vgl. dazu: Popper 2003.

[3] Wie disruptive Veränderungen Populismus fördern, dazu siehe Naumer, Hofrichter (2025).

Anteile an Unternehmen und damit auch Eigentum an den dort arbeiten-
den Maschinen. Als Eigentümer kann er Anteile am erwirtschafteten Gewinn
erwarten – in Form von Dividenden.◄

# Kapitaleinkommen in Zeiten der Disruption

**2**

## 2.1  Junges Kapital und der alte Karl Marx

**Während das Arbeitskräftepotenzial zurückgeht, kommen die smarten Maschinen gerade richtig, um dies aufzufangen.** Zeit also, über Kapitaleinkommen nachzudenken, welches das Arbeitseinkommen ergänzt. „Roboter" und „Demographie" sprechen dafür.

Dabei fällt auf, dass gerade die Altersbezüge in einigen Ländern der Welt von dem Einkommen aus der gesetzlichen Rente dominiert werden, wie die Berechnungen der OECD (Stand 2024) zeigen. Die „Spitzenplätze" nehmen Österreich, Frankreich, Italien und Portugal ein. Hier liegt der Anteil der staatlichen Rente am Einkommen der Bevölkerung im Alter von 65 und älter bei 75 % oder sogar darüber. Entsprechend gering ist der Anteil aus betrieblichen bzw. privaten Renten oder aus Arbeitseinkommen. Aber auch Spanien (knapp 72 %) und Deutschland (68 %) stehen nur unwesentlich besser da. In Schweden sieht es schon anders aus. In dem Land, das eine sehr lange Tradition mit kapitalgedeckter, privater Altersvorsorge hat, fließt nur etwas weniger als die Hälfte des Alterseinkommens aus der gesetzlichen Rente. In der Schweiz sind es sogar nur leicht mehr als 40 %.

Dabei geht es hier nur um den Aspekt, woher das Alterseinkommen fließt, und welchen Anteil betriebliche und private Renten daran haben. Beruhigend ist das nicht gerade. Wie wenig privates Vermögen beim Gesamteinkommen der Privaten eine Rolle spielt, wird noch deutlicher, wenn man sich die Zusammensetzung der Haushaltsbruttoeinkommens über alle Bevölkerungsgruppen hinweg anschaut. Um es kurz zu machen: Das Kapitaleinkommens steuert einen Anteil

H. Naumer, *Kapitaleinkommen in Zeiten der Disruption*, essentials, https://doi.org/10.1007/978-3-658-49199-4_2

von 3 % aus Vermietung und Verpachtung bei, und 2 % durch Zinsen, Dividenden etc. (Grabka, 2021). Das Haupteinkommen fließt mit weitem Abstand aus dem Arbeitseinkommen.

**Spät-marxistisches Paradigma:** Auf die Zusammensetzung des Einkommens bezogen leben wir augenscheinlich noch in einer Welt, wie sie paradigmatisch von Karl Marx und Friedrich Engels in unseren Köpfen geprägt wurde: Auf der einen Seite die „Kapitalisten", auf der anderen Seite die „Proletarier", um im Ductus Marxens zu bleiben. Die einen leben vom Kapital (also ihren Investitionen), die anderen tragen ihre Haut zu Markte. Etwas überspitzt vielleicht, aber bestimmt nicht falsch. Muss das sei? Bestimmt nicht. Die erste offizielle Börse wurde 1409 in Brügge eröffnet. Wurden hier noch überwiegend Wechsel, also Schuldscheine gehandelt, begann um 1600 die East India Company Anteilsscheine an Aktionäre auszugeben – Eigentumsrechte wurden handelbar. 1612 folgte die Börse in Amsterdam. Es war die erste Börse, die einen regelmäßigen Handel mit Aktien ermöglichte. Sie kann als Vorläufer unserer heutigen Börsen bezeichnet werden. Das alles geschah lange vor 1867, dem Erscheinungsjahr des ersten Bandes von „Das Kapital". Die Entwicklung der Börsen seither verlief rasant. Warum aber ist es dann nicht gelungen, eine breitere Brücke zwischen „Kapital" und „Arbeit" zu schlagen? Warum nicht aus „Proletariern" auch „Kapitalisten" machen, indem der Aktienbesitz gefördert wird? Möglichkeiten dazu gibt es zuhauf (vgl. Naumer, 2024b).

---

**Nicht nur Demographie & smarte Maschinen sprechen dafür**

Die Zeit ist reif für ein zweites Einkommen, das ergänzend zum Arbeitseinkommen fließt. ◄

---

Aber: Wo kommt das Geld dafür her?

---

## 2.2    Wo kommt die „Kohle" her?

„Proletarier" zu „Kapitalisten" werden lassen, das Geld für sich arbeiten lassen – schön gesagt, aber wo kommt das Geld eigentlich her?

Die gute Nachricht: Es ist viel Geld da. Laut Deutscher Bundesbank verfügten die Deutschen im Jahr 2024 über ein Geldvermögen von mehr als 9.000 Mrd. €. Die schlechte Nachricht: Das Geld der Deutschen arbeitet zu wenig, bringt also zu wenig Rendite.

Die Analyse der Geldvermögensbildung der Privaten zeigt im Vergleich der europäischen Staaten und mit den USA, dass die Deutschen Weltmeister im Sparen sind (vgl. Holzhausen, 2024). Nur die Norweger überholen uns, wenn es um den Zuwachs des Geldvermögens im Durchschnitt der Jahre 2013 bis 2022 geht. Wir sind richtig gut – nur leider nicht, wenn es um den Anteil des Zuwachses geht, der aus dem Vermögenswachstum selbst kommt (Holzhausen, 2024). Hier haben wir deutlich Nachholbedarf im Vergleich zu den anderen Ländern. Der Beitrag der Vermögensbildung, der aus Wertzuwächsen entsteht, übertrifft kaum die Inflation, d. h.: Unser Geldvermögen wächst zwar viel stärker als in vielen anderen Ländern, aber es wächst aus der Ersparnis – dem Geld, dass wir Jahr für Jahr auf die hohe Kante legen, und kaum, weil unsere Anlagen eine auskömmliche Rendite bringen.

▶    Die Deutschen arbeiten für ihr Geld, statt ihr Geld für sich arbeiten zu lassen.

Die Erklärung dahinter ist, blickt man in die Geldvermögensstatistik der Bundesbank, dass die Geldanlage von „sicheren" Anlageformen dominiert wird, wie z. B. Bankeinlagen und Anleihen. Aktien und Aktienfonds sind unterrepräsentiert. Hier wäre also ein guter Hebel, das Geld zum Arbeiten zu bringen, um daraus z. B. auch ein Einkommen zu erzielen.

**Mehr Kapitaleinkommen durch härter arbeitendes Geld.** Tatsächlich könnten die Deutschen mehr Kapitaleinkommen erzielen, wenn ihr Geld härter arbeiten würde. Dazu ein paar Zahlen, die ich Economic Research der Allianz verdanke (Stand: März 2025). Die Volkswirte bemerken, dass selbst die höheren Vermögensdezile ihr Geld anteilig sehr stark in Anleihen und Liquidität halten. Das lässt Raum für höhere Erträge. Beispiel: Würde das sechste Vermögensdezil nur die Hälfte seiner Bankeinlagen in höhere rentierliche Anlageformen wie z. B. Aktien, Anleihen und Investmentfonds, könnte es über die nächsten 10 Jahre kumuliert mehr als 17.500 € an Erträgen erwarten. Interessant: Bezogen auf die Struktur des Geldvermögens in der Eurozone wären es nur etwas mehr als 10.000 €. Was zeigt, dass die Anleger in der Eurozone im Schnitt ihr Geld härter für sich arbeiten lassen, als dies die Deutschen tun. Das siebte Dezil könnte 21.000 € über 10 Jahre freisetzen. Das achte 28.000 und das neunte (als das zweitreichste Dezil) über 37.000 €. Damit ließe sich doch etwas anfangen, oder? Zugegeben: Die Berechnungen stützen sich nolens volens auf Vergangenheitswerte, was die unterstellte Rendite betrifft, und mehr Risikobereitschaft gehört auch dazu. Aber von nichts kommt nichts. Mehr Rendite für mehr Kapitaleinkommen muss kein Traum bleiben.

Schön auch: Der „Global Wealth Report" der Allianz aus dem Jahr 2024 hält fest, dass die Babyboomer (also die zwischen 1946 und 1964 Geborenen) die reichste Generation ist, die jemals gelebt hat. Also genau die Generation, die in Rente ist oder bald dort ankommt.

Nach Erhebungen der Bundesbank (Stand: 2023) besitzen die 55–64-Jährigen im Median 250.000 € an Nettovermögen (d. h. nach Abzug von Schulden) – also genau jene Generation, die jetzt vermehrt in Rente geht und sich auf einen langen Lebensabend freuen kann. Aber auch bei den 45–54-Jährigen ließe sich bereits etwas machen. Hier liegt der Median des frei verfügbaren, nicht in Immobilien gebundenen, Nettovermögens bei 150.000 €. Damit ließe schon etwas anfangen. Nach einer langen Phase des Friedens und des Wohlstandswachstum, dank Sozialer Marktwirtschaft, sind auch die Erbschaften auf erfreuliche Beträge angestiegen. 121,5 Mrd. € haben die Deutschen im Jahr 2023 an Vermögen übertragen. Ein Rekordwert, wie das Statistische Bundesamt vermerkt.

Daneben gibt es im privaten Mikrokosmos viele Gelegenheiten zu flüssigem Kapital zu kommen das, mit dem Ziel der Einkommensgenerierung, investiert werden kann. Vermögensbildung aus Investitionen, Erbschaften und Schenkungen, auslaufenden Lebensversicherungen, Hausverkauf im Alter, …

Und – last but not least – irgendwann muss die Vermögensbildung dann doch mal beginnen. Über Kapitaleinkommen nachzudenken, könnte Sie auch motivieren, heute mit dem Kapitalaufbau zu beginnen, damit Sie Ihr Vermögen für ein zweites Gehalt oder eine zweite Rente aus Kapitaleinkommen verwenden können.

Als verhaltensökonomisch geschulter Ökonom hat für mich das Kapitaleinkommen noch einen ganz besonderen Reiz: Es macht die Kapitalanlage so wunderbar greifbar. Das hilft sich selbst ein Schnippchen zu schlagen.

## 2.3    Mr. Spock, das Kapiteleinkommen, die „Verschieberitis" und wir

Ich bin ein Fan der Verhaltensökonomie – der Behavioral Finance. Immer wieder erlebe ich, meistens an mir selbst, dass dieser in den 70'er Jahren des letzten Jahrtausends entstandene Forschungszweig, der Finanzen mit Psychologie verbindet, von ganz besonderer Relevanz für unsere Entscheidungen ist. Nicht nur bei der Kapitalanlage, sondern auch in unserem alltäglichen Leben. Oft entscheiden wir eben nicht rational, sondern emotional – was zu entsprechenden Fehlentscheidungen führt. Für die Star Treck-Fans unter den Leserinnen und Lesern: Niemand von uns ist ein Mr. oder eine Mrs. Spock. Niemand entscheidet rein rational, gefühlsneutral, wie ein Computer. Ganz im Gegenteil. Unser emotionsgetriebenes Handeln wirkt sich auch auf unsere Geldanlage aus. Und nicht nur da. Grundsätzlich gilt: Anleger sind auch nur Menschen.

**Hintergrundinformation**
Wer mehr darüber wissen will, wie uns unser Gehirn Streiche spielt und um zu verstehen, was man besser machen kann, dem sei das Buch „Schnelles Denken, langsames Denken" von Daniel Kahnemann empfohlen. Kahnemann gilt, zusammen mit Amos Tversky, als der Begründer der „Behavioral Finance" und erhielt für seine Forschung den Nobelpreis.
   Dan Ariely schafft es mit seinem Buch „Denken hilft zwar, nützt aber nichts: Warum wir immer wieder unvernünftige Entscheidungen treffen" in geradezu amüsanter Weise unser alltäglichen Entscheidungsfindungen aufs Korn zu nehmen und ihre Ursprünge zu erklären. Sie werden schmunzeln – und ganz nebenbei viel lernen.

Oder haben Sie sich schon einmal überlegt, warum wir alle guten Vorsätze auf „morgen" verschieben? Warum wollen wir erst im neuen Jahr mit Rauchen aufhören, wenn uns unsere Gesundheit doch so wichtig ist? Warum beginnen wir unsere Diät erst nach dem Essen und nicht davor? Warum gehen wir erst an unsere Kapitalanlage, wenn wir „einmal Zeit dafür" haben? Wir kennen doch alle den Zinseszinseffekt, der so wunderbar hilft unser Kapital zu mehren.

Die Antwort liegt in unserem Gehirn. Was bei der „Verschieberitis" ungut zusammen kommt, ist unsere Verlustaversion, verbunden mit dem „hyperbolischen Diskontieren" – beides sind verhaltensökonomische Muster.

Unsere Menschwerdung erstreckt sich über einen Zeitraum von 200.000 bis 300.000 Jahren. Unsere Vorfahren hatten eine deutlich geringere Lebenserwartung als wir, und wussten oft nicht, ob sie lebend von der Jagd zurückkommen würden. Für sie zählte das Hier und Jetzt. Die sofortige Lustbefriedigung war wichtiger als der Braten morgen. Wer wusste schon, ob er das Morgen erleben würde?

Diese Historie tragen wir mit uns herum. Das, was wir jetzt konsumieren können, hat einen deutlich größeren Wert für uns, als das, was uns morgen zur Verfügung steht, darunter ist das „hyperbolische Diskontieren" zu verstehen. Und was wir heute investieren, damit es uns morgen zur Verfügung steht, empfinden wir als Verlust. Rational ist das nicht, aber sagen Sie das einmal unserem Gehirn!

Und genau hier kann ein Kapitaleinkommen uns helfen, uns selbst ein Schnippchen zu schlagen, also uns selbst zu überlisten (vgl. dazu auch Naumer, 2016). Aus Anlegersicht bringt eine stetige Ausschüttung von Unternehmensgewinnen einen verhaltenspsychologischen Vorteil mit sich. Zum einen ist ein zusätzliches Kapitaleinkommen praktisch, besonders als Teil der Altersvorsorge. Zum anderen ist es verhaltensökonomisch erwiesen, dass als „Verlust" empfundene Investitionen weniger weh tun. Es gibt ja zwischenzeitliche Auszahlungen. Tatsächlich ist unser Belohnungszentrum im Gehirn auf eine sofortige „Lustbefriedigung" („instant satisfaction") trainiert. Der prähistorische Mensch wollte sofort konsumieren, denn er konnte nicht mit einer Lebenserwartung von 80 und mehr Jahren rechnen. Das heißt, Geld, das investiert wird, wird als „Verlust" empfunden, da es für den Konsum (vorübergehend) ja nicht zur Verfügung steht. So aber gibt es Dividenden als „Belohnung". Kapitaleinkommen ermöglicht mir also einen „Lustgewinn", den ich Monat für Monat verzehren kann.

Und noch etwas ist wichtig: Wenn wir über Kapitalanlagen nachdenken, geht es immer um das Morgen. Das Problem dabei ist aber, unser zukünftiges ich" ist für uns emotional ein vollkommen Fremder. Warum aber sollte ich einem „Fremden" etwas Gutes tun? Kapitaleinkommen schlägt eine Brücke ins Jetzt: Ich kann jetzt etwas ausgeben, und idealerweise bleibt die Substanz für morgen erhalten, oder wächst sogar noch.

▶       Eine Forschergruppe um Hershfield hat herausgefunden, dass es zwischen dem „heutigen ich" und dem „zukünftigen ich" („future self") keine emotionale Brücke gibt. Um so schwieriger ist es also, dem zukünftigen ich etwas Gutes tun zu wollen. Trotzdem reden wir immer über Altersvorsorge. Warum aber für einen „Fremden" vorsorgen? Wenn es jetzt gelingt, dass jemand, z. B. mittels eines Avatars, seinem zukünftigen ich begegnet, steigt die Bereitschaft für dieses ich etwas zur Seite zu legen, messbar an (vgl. Benartzi, 2012, S. 81–89). Die Brücke ist da. Warum aber immer alles auf die Zukunft projizieren? Mit Kapitaleinkommen ist die Zukunft schon jetzt eingetreten, weil mir mein Kapital im Hier und Heute etwas Gutes tut.

Apropos „Selbstüberlistung": Was Sie sofort tun können, auch wenn Sie noch nicht über ausreichend Kapital für ein zweites Einkommen verfügen, ist einen Sparplan einzurichten. Ich bin jetzt über 30 Jahre am Kapitalmarkt unterwegs, habe viel erlebt, und eines meiner Mantras ist: Für einen Sparplan ist immer der richtige Zeitpunkt. Doch dazu mehr im („Bonus-Track" ganz am Ende des Buches.

**Anleger sind auch nur Menschen**

Kapitaleinkommen (und Sparpläne) helfen bei der Selbstüberlistung.◄

# Einkommensquellen des Kapitals 3

Gerade im Zeitalter der smarten Maschinen und gesetzlicher Rentenkassen, die unter dem Druck der Demographie stehen, ist es Zeit für ein zweites Einkommen.

Aber nicht nur das. Natürlich gibt es für Kapitaleinkommen noch sehr viel mehr angenehme Verwendungsmöglichkeiten: Ein zusätzliches Urlaubsgeld, Geld für laufende Anschaffungen, die 4-Tage Woche, bei der der 5. Tage aus dem Kapitaleinkommen bestritten wird, ein früherer Renteneintritt, etc. In Asien ist dies schon längst bei den Menschen angekommen, wie die Nachfrage nach Finanzprodukten zeigt, die genau das ermöglicht: eine zweite Einkommensquelle neben der Arbeitskraft. In Deutschland und Europa stehen wir da noch eher am Anfang. Die Bedürfnisse sind aber genau die gleichen.

Aber: Wo kommt das Geld her? Um das zu verstehen, nachfolgend ein vertiefender Blick in die Welt der Anlagemöglichkeiten, vor allem der Aktien und Anleihen. Nachdem die Grundlagen dafür gelegt sind, lässt sich das zu Aktienfonds bzw. ETFs bündeln.

Kapitaleinkommen kann sich dabei aus unterschiedlichen Quellen speisen, wie z. B.:

- Zinsen und
- Kupons, die auf Anleihen – auch Wandelanleihen – bezahlt werden;
- Dividenden, die auf Unternehmensbeteiligungen (= Aktien) ausgeschüttet werden,
- oder gemischten Anlageformen, die sowohl in Aktien als auch in Anleihen investieren, also z. B., Fonds oder ETFs.

H. Naumer, *Kapitaleinkommen in Zeiten der Disruption*, essentials, https://doi.org/10.1007/978-3-658-49199-4_3

## 3.1  Zinsen und Kupons

Zinsen auf Bankeinlagen und Kupons, die für Anleihen bezahlt werden, sind sich dabei sehr ähnlich. Es handelt sich in beiden Fällen um Fremdkapital. Die Banken, die Staaten oder die Unternehmen nehmen Schulden auf, dafür wird ein Zins oder ein Kupon auf die Anleihe gezahlt, die sich nach der Laufzeit und der Bonität der Fremdkapitalnehmer richten. Bei einer Anleihe ergibt sich aus dem Kupon, dem aktuellen Kurs der Anleihe und deren Restlaufzeit die Rendite. Bei einer Unternehmensanleihe ist, gegenüber einer Staatsanleihe bester Bonität, wie etwa deutschen Bundesanleihen, noch ein Renditeaufschlag – ein sogenannter „Spread" – zu erwarten. Dieser Spread soll das höhere Bonitätsrisiko kompensieren und ergibt sich über die Kursbildung an den Kapitalmärkten.

Die Gegenüberstellung in Abb. 3.1 verdeutlicht dies. Sie zeigt die Rendite einer Bundesanleihe mit 10-jähriger Laufzeit, gegenüber der Rendite eines Vergleichsmaßstabs für Anleihen großer Unternehmen („large caps"), die in der Europäischen Union beheimatet sind. Zusätzlich wurde auch die Dividendenrendite für den MSCI Europa angegeben. Der MSCI Europa ist ein Aktienindex, der die Marktkapitalisierung der Unternehmen in Europa sehr breit widerspiegelt.

Aus der Differenz der Renditen für die Bundesanleihen und der Unternehmensanleihen ist der „Spread" gut erkennbar. Wer also die Rendite, respektive das Kapitaleinkommen, bei den Anleihen erhöhen will, der wird sich überlegen, auch Unternehmensanleihen beizumischen. Das Renditeplus – das allerdings auch ein Risikoplus mit sich bringt – lässt sich über die unterschiedlichen Bonitäten steuern. Dabei gilt: Je niedriger die Bonität, desto höher das Risiko, desto höher sollte allerdings auch der Renditezuschlag sein.

**Abb. 3.1** Wichtige Quellen für die Ausschüttungen: Dividenden- und Anleiherenditen

Ein angestrebtes Kapitaleinkommen ließe sich bei Anleihen aus den Kupons erzielen, aber auch aus den Anleihen selbst, wenn diese verkauft werden und es zu Kapitalverzehr kommen soll.

Eine Zwischenstellung zwischen Anleihen und Aktien haben **Wandelanleihen,** die ebenfalls als Quelle für Kapitaleinkommen genutzt werden können. Wie eine „normale Anleihe" auch, zahlt eine Wandelanleihe regelmäßig Zinsen und wird am Ende der Laufzeit zurückgezahlt. Es besteht jedoch ein Umwandlungsrecht: Der Inhaber hat die Möglichkeit, die Anleihe in Aktien umzuwandeln, was bedeutet, dass er statt der Rückzahlung der Anleihe Aktien des Unternehmens erhält. Wandelanleihen bieten eine Kombination aus Sicherheit (durch die Anleihe) und Wachstumspotenzial (durch die Aktien). Sollte der Aktienkurs dabei fallen, wird einfach nicht gewandelt. Wandelanleihen bieten damit neben einem Kupon, die Chance auf Aktienkursgewinne und dann Dividendenzahlungen.

**Ein wichtiger Gradmesser, wie auskömmlich dieses Kapitaleinkommen ist, ist die über den Anlagezeitraum zu erwartende Inflation.** Die sich aus der Nominalrendite abzgl. der Inflation ergebende reale Rendite sollte idealerweise größer Null sein, sonst kommt es zu einem Kaufkraftverlust.

▶ Ein wichtiger Gradmesser, wie auskömmlich dieses Kapitaleinkommen ist, ist die über den Anlagezeitraum zu erwartende Inflation.

Dazu ein vereinfachendes Beispiel: Angenommen die Inflationsrate beläuft sich im Jahresdurchschnitt auf 2 %, dem Ziel der Europäischen Zentralbank (EZB). Eine Anleihe notiert mit ihrem Nominalwert von 100 und schüttet jährlich einen Kupon von 2 % aus. In diesem Fall ist die reale Rendite Null. Wird der Kupon nicht wieder angelegt, sondern entnommen, so wird nach Ende der Laufzeit der Anleihe zwar immer noch der Nominalwert von 100 € ausgezahlt, dieser ist durch die Inflation allerdings deutlich weniger wert geworden.

Dabei sind, je nach Einkommenssituation noch Steuern zu berücksichtigen. Das Fiese bei Steuern auf Kapitaleinkünfte ist, dass sie den Wertverlust durch Inflation nicht berücksichtigen. Sie werden erhoben, ganz egal ob es zu einem Kaufkraftverlust kommt oder nicht.

---

**Beispiel**

Beispiel: Angenommen, jemand legt 100 € unter sein Kopfkissen. Motto „Sicher ist sicher". Doch diese Sicherheit ist trügerisch. Bei einer jährlichen Inflationsrate von 2 % sind die 100 € in 10 Jahren noch ca. 82 € wert. Nach 30 Jahren hat sich der Wert fast halbiert. Auf den Punkt: Wenn wir

heute den Warenkorb für 100 € füllen können, ist er in 30 Jahren, bei einem
realen Gegenwert von 55 €, kaum mehr als halb voll.◄

Das verdeutlicht: Gerade wenn die Wünsche und Bedürfnisse etwas größer sind,
dürfte es schon etwas mehr an Rendite sein – wodurch Aktien ins Spiel kommen.
**Deshalb ein offenes Wort an dieser Stelle.** Es ist und bleibt meine wich-
tigste Anlegerweisheit: Wer mehr Rendite will, muss bereit sein, mehr Risiken
einzugehen. Bei einem breit diversifizierten Portfolio sollte es sich über längere Zeiträume lohnen, zwischenzeitliche Kursrisiken durchzustehen. Aber eine
Garantie gibt es dafür nicht – sonst wären es ja auch keine Risiken mehr.
     Wenn es darum geht Kapitaleinkommen zu erzielen, kommt Dividenden eine
große Rolle zu. Deshalb ein vertiefender Blick auf das Zusammenspiel von Risiko
und Rendite, womit wir bei Aktien wären, denn Dividenden gibt es nur bei diesen.

### Die Wirkung der Inflation muss berücksichtigt werden

Wie bei jeder Anlageform, muss die Inflation berücksichtigt werden. Sie
sollte die unterste Verteidigungslinie sein, welche durch die Rendite idealerweise übertroffen wird, damit es zu *realen* Wertzuwächsen kommt. Ohne mehr
Risiko wird es dabei nicht gehen.◄

## 3.2    Dividenden

Eine äußerst wichtige Quelle sind Dividenden, also Gewinnausschüttungen der
Unternehmen an ihre Aktionäre. Da Aktien in Deutschland oft mit „Risiko" ver-
bunden werden, hier eine Vorbemerkung zum Zusammenspiel von Risiko und
Rendite.

### 3.2.1    Wer mehr Rendite will, muss mehr Risiko
              akzeptieren

Historisch betrachtet konnte man mit Aktien, breit gestreut und länger investiert,
eine höhere Rendite erzielen als mit Anleihen. Das wäre auch meine Erwartung
an die Zukunft. Das geht aber nur, wenn man auch bereit ist, ein Mehr an Risiko
einzugehen. Denn beides geht nicht: Mehr Rendite und weniger Risiko.

Der Unterschied bei Anleihen und Aktien liegt vor allem darin, dass bei Anleihen der Rückzahlungskurs zu einem bestimmten Zeitpunkt bekannt ist. Bei Aktien ist dies nicht der Fall. Aktien sind Eigentumsrechte an Unternehmen. Wenn ich mit meinen Töchtern durch die Lande fahre, verdeutliche ich ihnen immer wieder, von was sie alles Aktionärinnen sind. In sehr kleinem Umfang natürlich, aber immerhin: Ihnen gehören Anteile an Firmen. Der Sparplan macht es möglich. Und mit diesen Eigentumsrechten, die, anders als eine Anleihe, nicht Fremd- sondern Eigenkapital darstellen, sind sie an unternehmerischen Risiken ebenso wie an den unternehmerischen Chancen beteiligt. Läuft alles gut, sprudeln die Unternehmensgewinne und die Kurse steigen. In der Folge können die Dividenden, die nichts anderes darstellen als den ausgeschütteten Anteil für die Aktionäre am Unternehmensgewinn, steigen. Läuft es schlecht, können die Kurse auch fallen. Dividendenzahlungen werden ggf. gekürzt oder fallen sogar ganz aus. Kupons bei Anleihen werden dagegen – einmal festgesetzt – unverändert bezahlt, zumindest solange es nicht zu einem Ausfall des Emittenten kommt.

Wer in Aktien investiert, muss also bereit sein das höhere Risiko von Kursverlusten in Kauf zu nehmen. Ein rationaler Investor wird dies nur tun, wenn er dafür eine höhere Rendite erwarten kann – eine Risikoprämie.

Gäbe es keine Risiken oder wären für alle Kapitalanlagen die Risiken gleich, hätten alle Anlagen die gleiche Rendite, die sich nur in einer Prämie für die unterschiedlichen Laufzeiten unterscheiden würde. **Die Kapitalmarkttheorie lehrt, dass auf Risikokapital eine Prämie für das eingegangene Risiko erwartet wird.** In jüngerer Zeit haben u. a. Fama und French sowie Ibbotson und Chen (2003) diesen Zusammenhang untersucht und belegt. Die Risikoprämie wird als jener Teil der Rendite verstanden, der sich über den realen risikofreien Zins hinaus ergibt. Als risikofreier Zins kann z. B. eine Staatsanleihe bester Bonität mit kurzer Laufzeit genommen werden. Deren Nominalrendite spiegelt bereits die Inflationserwartungen wider. Ein Investor wird für die von ihm erwartete Inflation eine Kompensation erwarten, sonst käme es bei seiner Anlage zu einem realen Wertverlust, auch wenn die Investition nominell ihren Wert behält. Wer in längere Laufzeiten investiert, wird i. d. R. dafür eine Laufzeitenprämie für den Konsumverzicht erwarten.[1] Auf diesen Renditekomponenten bauen dann die Risikoprämien für das Aktienrisiko auf, dass u. a. auch an der Bonität der jeweiligen Unternehmen und deren Marktkapitalisierung hängt.

---

[1] Es muss aber nicht immer der Fall sein, dass die Anleiherendite mit steigender Laufzeit ebenfalls höher wird. Es kann z. B. zu einer sogenannten inversen Zinsstruktur kommen, bei der Anleihen längerer Laufzeit niedriger rentieren als mit kürzerer. Dazu kann es z. B. kommen, wenn an den Anleihemärkten eine Rezession vorweggenommen wird.

▶   Ohne mehr Risiko ist auch keine Risikoprämie – also ein Mehr an
Rendite – zu erwarten.

**Soweit die Theorie. Was zeigt die Praxis?** Aus langen historischen Zeitrei-
hen, wie sie für den US-amerikanischen Aktienmarkt vorliegen, zeigt sich, dass
die Erwartung einer Risikoprämie nicht enttäuscht wurde, wenn es sich auch
nicht über alle Zeiträume hinweg gleichermaßen gelohnt hat, in US-Aktien
zu investieren. Die längste mir zur Verfügung stehende Datenreihe für den
US-amerikanischen Anleihe- und Aktienmarkt reicht bis 1801 zurück. Wessen
Ahne damals einen US-Dollar in US-Staatsanleihen investierte, würde heute über
1309 US$ verfügen. Wessen Ahne alternativ in US-Aktien investierte, besäße
heute über 3.657.933 US$. Der Unterschied könnte größer kaum sein. Die durch-
schnittliche Rendite der Anleihen betrug p. a. 3,27 %. Bei Aktien belief sie sich
auf 7,01 %. Das ergibt eine Risikoprämie von 3,74 %.

Natürlich sind das nur historische Werte, die keine Prognosekraft für die
Zukunft haben. Sie zeigen aber exemplarisch, was aus der Verbindung von Risikoprämie und dem Zinseszinseffekt durch Wiederanlage bei langen Zeiträumen
werden kann. Zugegeben: So lange kann niemand anlegen, deshalb habe ich in
einem nächsten Schritt Anlagezeiträume über 30 Jahre untersucht. 30 Jahre wären
z. B. ein Zeitraum, um für das Alter vorzusorgen. Auch hier zeigt sich: Über
den gesamten Zeitraum war die Risikoprämie über die jeweiligen Anlageperioden positiv, mit nur zwei Ausnahmen. D. h., in diesen beiden Zeitphasen wären
Anleihen rentierlicher gewesen als Aktien. Der schlechteste 30-Jahres-Zeitraum
für Aktien war von 1981 bis 2011 mit einer durchschnittlichen Risikoprämie von
−0,85 %-Punkten. Der beste Zeitraum fiel auf die Periode 1943 bis 1973 mit
11 %-Punkten an Risikoprämie (vgl. dazu Naumer, 2024a)

So, genug der Vorrede. Wie entwickeln sich Dividenden? Wie verlässlich werden sie bezahlt? Welchen Beitrag können sie für ein regelmäßiges
Kapitaleinkommen liefern?

### 3.2.2  Dividenden als Renditebestandteil

Dividenden haben einen – oft unterschätzten – Anteil an der Gesamtrendite einer
Aktienanlage, die ja aus zwei Teilen besteht: Der Kursentwicklung und den
Ausschüttungen. Dieser Gesamtertrag wird gerne mit dem englischen terminus
technicus **„total return"** bezeichnet.

Abb. 3.2 zeigt, um was es geht. Sie vergleicht jeweils den Gesamtertrag („Performanceindex") vs. der reinen Kursentwicklung (Kursindex) über die letzten

20 Jahre. Die einzelnen Aktienmarktindizes wurden dafür auf 100 rebasiert, damit sie vergleichbar werden. Die wiederangelegten Dividenden markieren den Unterschied zwischen dem Gesamtertrag und den Kursgewinnen. Wer also 100 € in den MSCI-Welt, als breitest möglichen Index, der den Weltaktienmarkt abbildet, investierte, hatte (Stand Mai 2025) 20 Jahre später insgesamt etwas über 500 €. Die reinen Kurszuwächse kamen nur auf etwas über 300 €. Die Differenz bilden die wieder angelegten Dividenden.

Auch aus der Renditeperspektive wird die Bedeutung von Dividenden noch einmal sehr deutlich. Wer über die letzten 40 Jahre (Stand: Ende 2024) in einen breiten Korb europäischer Aktien investierte, kam auf eine p. a. Rendite von 8,24 %. Etwas mehr als 38 % der Rendite kamen dabei aus den Dividenden. Bei US-amerikanischen Aktien war die p. a. Rendite mit 11,08 % zwar höher, aber der Renditeanteil war mit 21 % geringer. Nicht untypisch, gelten die US-Unternehmen doch als latent den Aktionären weniger zugewandt.

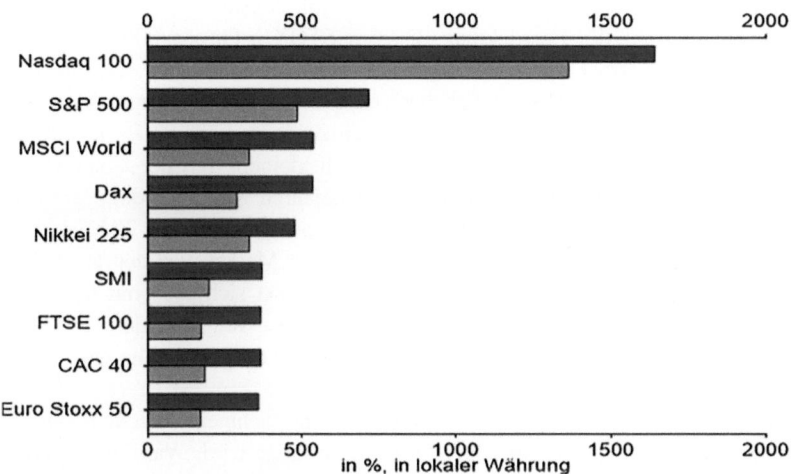

**Abb. 3.2** Gesamtrendite vs. Preisindizes (-20 Jahre)

Auch aus kürzeren Anlagezeiträumen war der Renditebeitrag nicht zu verach-
ten. Zwar konnten die Dividendenzahlungen bei Anlageperioden von fünf Jahren
über die letzten 40 Jahre hinweg Zeiten starker Kursverluste (z. B. in Folge der
Technologie-Blase Anfang des Jahrtausends oder der Globalen Finanzmarktkrise
2008) nicht kompensieren, sie aber dennoch abpuffern.

---

**Dividenden stabilisieren das Portfolio und treiben das Gesamtergebnis**

Sie helfen die Entwicklung des Portfolios zu stabilisieren und leisten einen
nicht zu unterschätzenden Beitrag für die Gesamtperformance.◄

---

Was ebenfalls nicht unterschätzt werden sollte, ist die Beständigkeit, mit der sich
Dividenden entwickeln.

## 3.2.3 Dividendenpolitik der ruhigen Hand

Dabei ist es interessant, dass die Firmen selbst zu einer sehr stetigen, wenn nicht
sogar auf Anhebung orientierten Dividendenpolitik neigen.

Abb. 3.3 zeigt die Entwicklung. Die im STOXX Europe 600 enthaltenen
europäischen Unternehmen wurden geclustert, je nachdem ob sie ihre Dividenden im Vergleich zum Vorjahr anhoben, unverändert ließen oder senkten. Wie
sich zeigt, kam es in der weit überwiegenden Zahl der Fälle zu Dividendenanhebungen gegenüber dem Vorjahr. Der deutlich kleinere Teil der Unternehmen
nahm Senkungen vor, sieht man von Ausnahmejahren wie 2009, dem Jahr nach
Ausbruch der Globalen Finanzmarktkrise, und dem Pandemiejahr 2020 ab. Eine
Entwicklung, die sich auch für die anderen großen Märkte, wie den amerikani-
schen oder asiatischen Markt, zeigen lässt. Das deckt sich auch mit dem Bild,
dass die Gesamtausschüttungen in der Vergangenheit – von Krisenjahren abgese-
hen – von Jahr zu Jahr stiegen. Die Anleger also von den ebenfalls gestiegenen
Unternehmensgewinnen profitierten.

Dabei zeigt sich die Dividendenpolitik der Unternehmen als sehr beständig,
wie es auch von der akademischen Literatur bestätigt wird. Wie die Umfragen
basierte Studie von Skinner und Soltes (2011) zeigt, streben die „Chief Financial
Officers" (CFO; die Finanzchefs) eine langfristige Ausschüttungsquote bei den
Dividenden an, während sie Dividendenkürzungen vermeiden wollen. Dies gaben
94 % von ihnen in der der Studie zugrunde liegenden Umfrage an. 65 % der
Befragten stimmten zu, dass sie auch Fremdkapital aufnehmen würden, um unverändert Ausschüttungen vorzunehmen zu können. Dies ist verständlich, erwarten

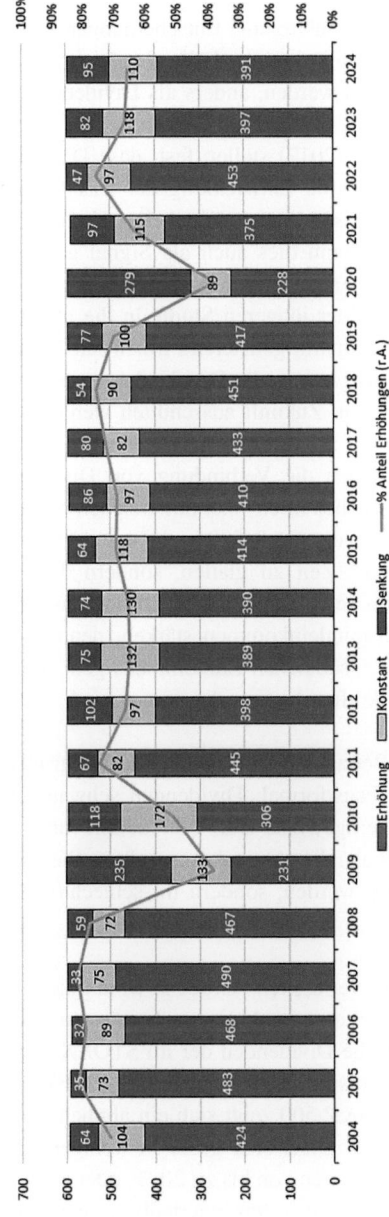

**Abb. 3.3** STOXX Europe 600: Anzahl der Unternehmen mit Dividendenerhöhungen und -senkungen in den Jahren 2004–2024

Quelle: LSEG Datastream, Allianz Global Investors Global Capital Markets & Thematic Research. Die frühere Wertentwicklung lässt nicht auf zukünftige Renditen schließen. Stand: Dezember 2024

doch 90 % der CFOs negative Konsequenzen für den Aktienkurs ihres Unternehmens im Falle einer Dividendenkürzung. Entscheidungen zu Investitionen und Dividenden werden dabei in zwei Drittel der Fälle als gleichrangig gesehen. Aktienrückkaufprogramme hingegen werden, anders als Dividenden, als ein deutlich flexibleres Instrument betrachtet.

Michaely, Rossi und Weber (2017) stellen fest, dass Dividendenanhebungen auf eine zukünftig weniger volatile Entwicklung der Cashflows und damit der Unternehmensergebnisse hinweisen – und umgekehrt. Kommt es zu den unbeliebten Dividendenkürzungen, kann dies auch als Signal gesehen werden, dass sich die Cashflows zukünftig weniger beständig entwickeln.

Moortgat et al. gehen mit einer jüngeren Studie in die gleiche Richtung. Sie haben die am belgischen Aktienmarkt gelisteten Firmen seit 1824 untersucht, und kommen zu dem Ergebnis, das Firmen, die Dividenden ausgeschüttet haben, mit hoher Wahrscheinlichkeit auch in Zukunft ausschütten werden, und der von den Gewinnen ausgeschüttete Anteil in der Folge steigt (Moortgat et al., 2024).

Basse und Reddemann ziehen die Verbindung von Dividendenausschüttungen und Inflation, und können bei ihren ökonometrischen Analysen feststellen, dass US-amerikanische Firmen des S&P 500 nicht nur dazu neigen, ihre Dividendenausschüttungen über die Zeit zu glätten, sondern diese mit steigenden Inflationsraten anzuheben (Basse & Reddemann, 2011). Das würde die Attraktivität von Dividenden als Kapitaleinkommen stärken, denn genau dann, wenn es um die Generierung eines zusätzlichen Einkommens geht, wäre es ja wichtig, dass dieses nicht durch Kaufkraftverluste real weniger wird.

> ▶ Wie die langfristige Betrachtung unterschiedlicher, großer Aktienmärkte zeigt, gilt die Faustformel: Dividenden schwanken deutlich weniger als die Konzerngewinne der Unternehme und noch einmal deutlich weniger als die Aktienkurse selbst. Sie können per Definition nicht negativ werden, sondern im schlechtesten Fall nur ausfallen.

Die Dividenden sind also eine verlässliche Größe z. B. um damit Kapitaleinkommen zu erzielen: Sie werden selten gesenkt, ja wachsen sogar über die Zeit. Über die letzten 20 Jahre wuchsen die Dividenden der im STOXX Europe 600 enthaltenen Firmen um Schnitt um bis zu 10 % p. a. In einigen Fällen sogar deutlich mehr. Für den DAX und den S&P 500 zeigt sich ein ähnliches Bild. Die Spannbreite innerhalb der Indizes war dabei sehr groß: In wenigen Fällen kam es im betrachteten Zeitraum um Kürzungen von bis zu 20 %, oder auch Erhöhungen um bis zu 30 %. Ansatzpunkte genug also, um innerhalb der jeweiligen Indizes jene

Aktien auszuwählen, die nicht nur eine hohe Dividendenausschüttung erwarten lassen, sondern darüber hinaus auch Dividendenwachstum.

Dass das genaue Hinschauen lohnt, das zeigt auch die Analyse der Dividendenrendite. Die im STOXX Europe 600 enthaltenen Unternehmen wiesen über die letzten Jahre Dividendenrenditen zwischen Null und über 5 % aus.

▶ **Tipp**
Nach meiner Beobachtung wird die Dividendenrendite gerne als Indikator für hohe Dividendenausschüttungen genutzt. Diese Kennzahl kann aber schnell in die Irre führen, denn sie ist nur ein Blick in den Rückspiegel, der nichts über das zukünftig zu erwartende Dividendenwachstum aussagt.

„Blick in den Rückspiegel": Die zuletzt gezahlte Dividende wird ins Verhältnis mit dem aktuellen Kurs der Aktie gesetzt – der ist schnell Schall und Rauch. Besser also, von den erwarteten Gewinnen auf die zukünftige Dividende schließen und die dann in Relation zum eingesetzten Kapital setzen. Und dann sollte noch ein möglichst verlässliches Gewinnwachstum bei dem Unternehmen dazu kommen, dass Dividendenwachstum erwarten lässt.

Die Dividendenrendite alleine sollte aber nur maximal eine erste Idee geben (siehe Tipp). Besser sind die „payout ratio" und das Dividendenwachstum. Die „payout ratio" gibt den Anteil der ausgeschütteten Gewinne an, und genau das wird ja gesucht: Kapitaleinkommen, dass sich aus einem hohen Anteil an den Unternehmensgewinnen speist. Firmen des STOXX 600 schütteten im Verlauf der letzten 20 Jahre teilweise mehr als 50 % ihrer Gewinne aus.

**Aber Vorsicht:** Ausschüttungen können auch bedeuten, dass einem Unternehmen Investitionsmöglickeiten fehlen und es nur Substanz ausschüttet. Es hilft alles nichts: Wer dauerhaft mit Dividenden seine Freude haben möchte, muss sich ein Bild vom Wachstumsausblick des Unternehmens machen.

Durch ihre Beständigkeit und die Wachstumschancen entlang der Unternehmensgewinne werden Dividenden zu einem wichtigen Pfeiler für Kapitaleinkommen:

- Sie liefern einen signifikanten Beitrag zur Gesamtrendite von Aktien, und
- entwickelten sich dabei stetiger als die Unternehmensgewinne.

**Dividenden & Kapitaleinkommen**

Durch ihre Beständigkeit und die Wachstumschancen entlang der Unternehmensgewinne sind Dividenden ein wichtiger Pfeiler für Kapitaleinkommen.◀

## 3.3    Aktien und Anleihen kombinieren

Dividenden haben nur einen Nachteil: Sie kommen immer einher mit dem Aktienrisiko, das aber möchte nicht jeder tragen, zumal wenn es mehr auf den dritten
Lebensabschnitt zugeht, und die Verlusttoleranz biographisch bedingt bei vielen vermutlich sinkt. Warum also nicht auf eine Kombination aus Anleihen und
Aktien setzen, um das Risikoprofil etwas zu glätten? Die Kapitalanlage wird
also nicht nur über viele Aktien gestreut (Diversifikation ist immer gut), sondern
gleich über zwei Vermögensklassen. Die eine läuft erwartungsgemäß ruhiger als
die andere. An die Seite der Dividenden treten die Kupons der Anleihen. Im
Portfoliomix können auch noch Wandelanleihen dazu kommen.

▶ **Definition**
Das Börsen-Lexikon www.boerse.de/boersenlexikon definiert „Drawdowns" wie
folgt:
    „Der Begriff bezeichnet den maximalen Wertverlust bis zur Wiedererrei-
chung des Ursprungswertes. (…) Die Überlegung dahinter ist der Gedanke,
dass ein Anleger, der durch sein Investment einen anteiligen Verlust erlitten
hat, einen prozentual erheblich höheren Gewinn benötigt, um den Kapitalverlust
wettzumachen."

Was diese Mischung an Risikoglättung tatsächlich bringen kann, verdeutli-
chen die sogenannten „Drawdowns", welche den maximalen Wertverlust bis zur
Wiedererreichung des Ursprungswertes berechnen. Für unsere Zwecke wurden
die sogenannten „total return" Indizes (d. h. Dividenden bzw. Kupons wurden einberechnet) des MSCI-Welt für den Weltaktienmarkt und des Bloomberg
Euro Aggregat für den europäischen Anleihemarkt zum Vergleich herangezogen.
Abb. 3.2.4. zeigt, wie lange, wie tief ein Investor im schlechtesten Fall „unter
Wasser" lag: Die linke Grafik zeigt die „Unter-Wasser-Marke" für den Aktien-
markt an, die rechte Grafik zeigt die Drawdowns für eine Kombination mit 70 %
Aktien und 30 % Anleihen. Was sich zeigt ist: Es ging deutlich weniger nach
unten.

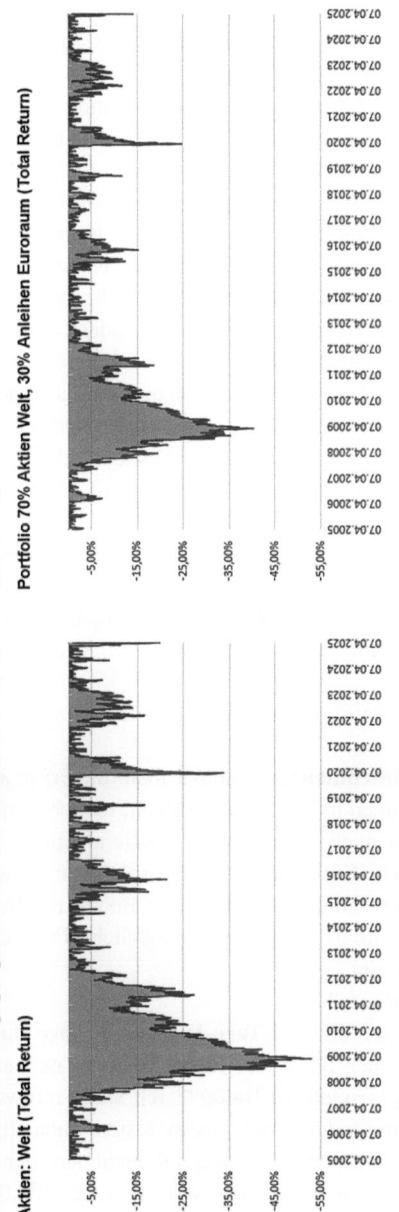

**Abb. 3.4** Die „Unter-Wasser-Marke" für ein reines Welt Aktienportfolio und alternativ für eine Kombination mit 70 % Aktien Welt und 30 % Anleihen Euroraum

Sicher: Das ist nur eine Vergangenheitsbetrachtung, die nicht einfach in Zukunft fortgeschrieben werden kann, aber sie zeigt, dass Anleihen die Funktion als Risikopuffer zugeschrieben werden kann.

Was aber ist die „richtige" Aktien-Anleihen-Kombination? Ehrlich gesagt, die gibt es nicht. Sie ist so individuell wie Ihr Leben selbst. Als Richtschnur hilft die **„100-x-Regel"** weiter: „100 steht für das zu erwartende Lebensalter – seien Sie nicht so negativ! Die meisten Menschen unterschätzen ihre tatsächliche Lebenserwartung. Die „x" für Ihr aktuelles Alter. Das Ergebnis gibt die Aktienquote. Also: Für einen heute 60-jährigen ergäbe sich eine Aktienquote von 40 %.

Wie gesagt, das ist nur eine Richtschnur. Risikofreudigere Investoren werden z. B. daran denken, dass sie möglicherweise noch andere, Anleihen ähnliche, Anlageformen haben. Das Eigenheim, die vermietete Immobilie, die (gesetzliche) Rentenversicherung, die betriebliche Altersversorgung, … zu Ende gedacht sind das alles vom Risikoprofil her „Anleihen", da sie einen verlässlichen „Kupon" (z. B. Miet- oder Renteneinnahmen) ausschütten. Wer sein Vermögen ganzheitlich betrachtet (was ich immer empfehlen würde), kommt am Ende vielleicht auf eine deutlich höhere Aktienquote.

Oder denken Sie an Ihre **Kinder und Enkelkinder,** die Ihr Vermögen einmal erben sollen. Das führt über die Generationen zu einer insgesamt deutlich längeren „Lebenserwartung". Wenn ich das Kapital vererbe, dann ist es mir vielleicht sogar egal, was an den Kapitalmärkten so alles passieren kann. Hauptsache mein Kapitaleinkommen fließt.

Und dass es fließen soll, dafür gibt es gute Gründe:

- Da sind die **„smarten Maschinen",** die immer mehr die Frage aufwerfen, wie sich mein Arbeitseinkommen in Zukunft entwickelt, und ob es mir nicht lieber wäre, diese arbeiteten für mich, statt dass ich für sie arbeite.
- Da ist die **demographische Entwicklung,** die immer mehr zutage treten lässt, dass die gesetzliche Rente längst ein Fass ohne Boden ist. Besser ich habe noch ein eigenes Zubrot im Alter, das mir zusätzliche Freiräume verschafft und mir Unabhängigkeit gibt.
- Warum nicht **früher in Rente**?
- Da ist der Wunsch nach einer **4-Tage-Woche**. 4 Tage finanziert mein Arbeitgeber. Das Einkommen für den 5. Tagen fließt aus meinem Kapital.
- Warum auch nicht ein **„Großeltern Bafög"**? Ich stelle mir vor, Großeltern wollen ihre Enkel beim Studium mit einem festen, monatlich fließenden Betrag unterstützen, möchten aber ihr Kapital nicht aus der Hand geben, da sie es vielleicht noch benötigen. Warum nicht z. B. 100.000 € in eine

Kapitaleinkommens-Lösung investieren, und die monatliche Ausschüttung den Enkeln zugutekommen lassen?

- Warum nicht ein Sabbatical, mehr Urlaub, länger Elternzeiten (dann selbstfinanziert) oder mehr Geld für Hobbies, den täglichen Bedarf oder das monatliche Extra-Goodie, oder, oder, oder, …. Ich bin sicher, Sie haben viele eigene Ideen und Bedürfnisse.

▶ Fangen Sie an zu träumen: „Was wäre, wenn ich monatlich x-Euro mehr hätte?" Ich bin sicher, Ihnen fällt so einiges ein – und dann überlisten Sie sich selbst und investieren für Ihr Kapitaleinkommen.

# How-To-Do-Kapitaleinkommen 4

## 4.1 Ein wirklich bedingungsloses Grundeinkommen

Bei Licht betrachtet erinnert ein Kapitaleinkommen schon ein bisschen an das Konzept eines „bedingungslosen Grundeinkommens" (BGE), oder nicht? Das BGE ist allerdings ein politisches Konzept, bei dem gemäß der reinen Lehre ein Geldtransfer an alle Bürger von der Wiege bis zur Bahre zu verstehen ist (also auch für Kinder), unabhängig davon, ob sie diesen staatlichen Transfer benötigen oder nicht.

Aber Hand aufs Herz: „Bedingungslos" ist dieses „bedingungslose Grundeinkommen" nicht. Ganz im Gegenteil (vgl. Naumer, 2018). Es hängt vom politischen Goodwill ab und wird damit zum demokratietheoretischen Problem. Denn: Wie souverän ist der Souverän (also Sie und ich), wenn er von den Staatsorganen, denen er die Macht per Stimme überträgt, alimentiert wird?

Wenn die Anspruchsberechtigten für staatliche Leistungen immer mehr ausgeweitet werden, dann steigt auch die Möglichkeit des Wählerkaufs: Wer ein höheres BGE verspricht, und Gründe dafür werden sich immer finden, kann erwarten, dass er mehr Stimmen erhält. Grundeinkommen gegen politisches Wohlverhalten heißt die Devise. Der Souverän als Almosenempfänger der Organe, denen er politische Macht erteilt – die Demokratie wird ad absurdum geführt. Aus dem bedingungslosen Grundeinkommen wird ein bedingtes: Es bedingt politisches Wohlverhalten.

Ganz anders das Kapitaleinkommen, das auf der Investition eigenen Vermögens beruht: Hier erfolgen die Zahlungen aus dem eigenen Vermögen – bedingungslos! Und das geht.

Dazu ein Beispiel auf der Grundlage von Marktdaten. Angenommen, es hat jemand Anfang 2015 100.000 € in den STOXX Europe 600 angelegt, einem

H. Naumer, *Kapitaleinkommen in Zeiten der Disruption*, essentials, https://doi.org/10.1007/978-3-658-49199-4_4

breit diversifizierten Index für den europäischen Aktienmarkt. Was das an Kursgewinnen und Dividenden gebracht hatte, verdeutlicht Abb. 4.1. Dabei wurden
die Kursentwicklung des STOXX Europe 600 und die Dividendenausschüttungen
getrennt betrachtet. Gemessen an den zwischenzeitlich erfolgten Dividendenausschüttungen hätte er oder sie über den Zeitraum von 10 Jahren bis Ende
2024 knapp 39.000 € an Ausschüttungen vereinnahmen können. Gleichzeitig
wäre der ursprünglich angelegte Betrag (gemessen am Preisindex des STOXX)
von 100.000 auf ca. 142.000 € angestiegen. Ja, das sind Vergangenheitswerte,
und niemand kann zweimal in den gleichen Fluss steigen (Heraklit), aber es
verdeutlicht das Zusammenspiel von Kursgewinnen und Ausschüttungen.

   Bezogen auf den S&P 500 für den US-amerikanischen Markt wären die reinen Kursgewinne noch deutlicher ausgefallen und die investierten 100.000 (dann)
US-Dollar über 262.000 US$ marschiert, bei allerdings geringeren Dividenden-
ausschüttungen von leicht über 20.000 US$, wie Abb. 3.2 zeigt.

▶Der Preisindex gibt die reine Kursentwicklung der in einem Index enthaltenen
Wertpapiere wieder. Anders der Performanceindex (auch „total return index").
Beim Performanceindex werden alle Ausschüttungen wieder angelegt (thesauri-
ert). Der Performanceindex wächst also schneller als der Preisindex und gibt den
Gesamterfolg einer Anlage wieder.

Der Haken dabei: Die Ausschüttungen erfolgten über das Jahr verteilt saiso-
nal sehr unterschiedlich, wie der untere Teil der Abb. 4.1, der die monatlichen
Ausschüttungen, bezogen auf die investierten 100.000 € respektive US-Dollar,
verdeutlicht. Das hängt an den unterschiedlichen Ausschüttungsusancen der
Unternehmen, bzw. der jeweiligen Aktienmärkte. Deutsche Firmen schütten
i. d. R. nur einmal im Jahr mit Schwerpunkt im 2. Quartal aus. US-amerikanische
Firmen schütten teilweise viermal über das Jahr verteilt aus. Kommen noch
Anleihen dazu, müssen die Ausschüttungstermine für die Kupons ebenfalls
berücksichtigt werden.

   Kapital anlegen, nach dem eigenen Risikoprofil in Aktien und Anleihen auftei-
len, Kupons und Dividenden kassieren – so weit, so gut. Erfolgt die Auszahlung
aber nur wenige Male oder sogar nur einmal im Jahr, und ist in der Höhe noch
dazu unbestimmt, ist das vermutlich nicht das, was man sich unter einem – regelmäßigen – Kapitaleinkommen vorstellt. Kapitaleinkommen sollte das bedeuten,
was wir vom Arbeitseinkommen bereits kennen: Es fließt verlässlich Monat für
Monat in möglichst gleichbleibender Höhe.

   Wie viel bequemer, und mit den eigenen Bedürfnissen vereinbar, wäre es,
wenn

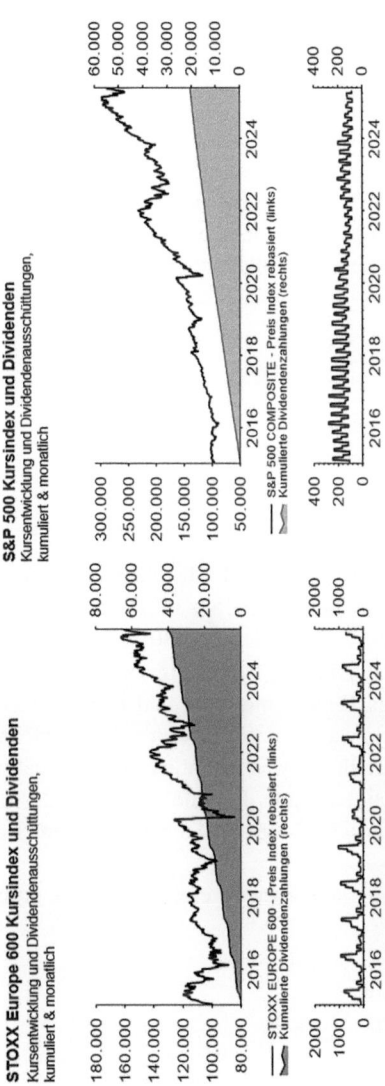

**Abb. 4.1** Was aus einer Investition von 100.000 € bzw. US-Dollar über eine Periode von 10 Jahren wurde

- es zu regelmäßigen Auszahlungen käme,
- die in ihrer Höhe vorher bekannt und planbar sind,
- ohne, dass es dabei zu einem Kapitalverzehr, sondern ggf. sogar zu einem Kapitalzuwachs kommt?

▶ „Kapitaleinkommen" bedeutet zunächst, dass Sie ein Einkommen durch Ihr investiertes Kapital erzielen. Dieses muss aber nicht zwangsläufig regelmäßig – idealerweise monatlich – fließen. Im Folgenden ist „Kapitaleinkommen" präziser gefasst zu verstehen als genau das: Ein regelmäßig fließendes, in seiner Höhe verlässliches, Einkommen, welches andere Einkommensarten ergänzt, vielleicht sogar ersetzt.

**Fragen**

Wie aber lassen sich diese Ausschüttungen verstetigen?

Es gibt zwei Ansätze:

1. Sie gehen pragmatisch vor, z. B. weil Sie über einen bestimmten **Anlagebetrag** verfügen. Diesen investieren Sie entsprechend passend zu Ihrem Risikoprofil, also z. B. 70 % in Aktien und 30 % in Anleihen, und machen das ausgeschüttete Kapital abhängig von der Investition.
2. Sie haben ein bestimmtes **Einkommensziel** und rechnen von dem erwarten Kapitaleinkommen zurück, was sie dafür investieren müssen. Streben Sie z. B. 6000 € über das Jahr verteilt an, was monatlich 500 € ergäbe, und erwarten eine, zu Ihrem Risikoprofil passende, Rendite von vielleicht 6 %, so müssten Sie 100.000 € investieren (wobei hier die Steuer nicht berücksichtigt wurde).

Um ein regelmäßiges Kapitaleinkommen zu erzielen, gibt es grundsätzlich zwei Möglichkeiten:

1. die Do-it-yourself-Methode.
2. die „Ich lass' mal machen"-Methode.

## 4.2    Kapitaleinkommen: Do-it-yourself-Methode

Bei der Do-it-yourself-Methode legen Sie selbst Hand an und gehen die einzelnen Anlageschritte durch, so als seien Sie Ihr eigener Fondsmanager: Sie strukturieren Ihr Portfolio so, dass Sie monatlich möglichst gleichmäßige Auszahlungen erhalten. Keine einfache Aufgabe. Behalten Sie die alle im Blick? Ihre, bzw. jenes des Fondsmanagers, wenn Sie es delegieren, Vorgehensweise ist wie folgt:

1. **Strategische Allokation:** Sie bestimmen die langfristige Ausrichtung Ihrer Kapitalanlage gem. Ihres Risiko-Renditeprofils. Profis sprechen hier von der strategischen Allokation. Daraus ergibt sich die zu Ihnen passende Kombination aus Aktien, Anleihen, ggf. Geldanlage, Rohstoffen…. Daraus ergibt sich die Renditeerwartung. Die Rendite selbst wird sich am Ende aus den Ausschüttungen (Dividenden & Kupons) zusammensetzen sowie aus den realisierten Kursgewinnen.

2. **Einzeltitelauswahl:** Aus der Fülle der Möglichkeiten – dem Anlageuniversum – filtern Sie die geeigneten Wertpapiere aus. Gerade wegen der unterschiedlichen Ausschüttungsusancen bei Dividenden empfiehlt sich kaum eine Konzentration auf rein europäische Titel. Die USA sollten schon dabei sein. Je nach Risikoprofil kommen auch noch Anleihen dazu. Der Kupon darf gerne etwas höher sein, als er bei Staatsanleihen üblicherweise ist. D. h. es sollten auch Anleihen ausgewählt werden, die etwas mehr Risiko haben, wie z. B. Unternehmensanleihen. Das Anlageuniversum ist also denkbar groß.

3. Jede Investitionsentscheidung muss genau geprüft werden: Wie ist die Bonität des Anleiheemittenten? Wie lange kann die Unternehmung die **Dividendenpolitik** durchhalten? Ist Dividendenwachstum zu erwarten, oder wird Substanz ausgeschüttet? Das ist ein oft unterschätztes Kriterium. Hohe Dividendenausschüttungen mögen zwar verlockend sein, wenn das Unternehmen aber nur aus Verzweiflung viel ausschüttet, weil es keine Möglichkeiten zu Investitionen sieht, wird die Substanz des Unternehmens schnell ausgezehrt.

4. Da der Schwerpunkt auf Einkommen liegt, dürfte Ihr Fokus bei den Aktien auf Firmen liegen, die **stabile Erträge** über die Zeit erwarten lassen, und deren Schwankungsanfälligkeit z. B. gegenüber der Konjunktur geringer ist.

5. **Währungsrisiken** beachten: Möglicherweise kommen Währungsrisiken dazu. Auch sie verändern das Auszahlungs- und damit das Risikoprofil.

6. **Portfoliokonstruktion:** Ist die Einzeltitelauswahl erfolgt, geht es mit der Masse der verbliebenen Möglichkeiten an die Portfoliokonstruktion. Dafür muss aus der Fülle der verbliebenen Anlagemöglichkeiten auch nach den

Ausschüttungsterminen entschieden werden, was ins Portfolio passt oder nicht.

7. **Diversifikation,** denn auch beim Kapitaleinkommen gilt: Diversifikation ist Trumpf. Die breite Streuung der Kapitalanlage ist der einzige „free lunch", wenn es um die Reduktion der Risiken geht. Das bedeutet aber auch die Anlage sollte über mindestens 30 – bis 40 Titel gestreut werden. Lieber mehr. Bei einer nur begrenzten Anlagesumme wird das schnell ein unerwünschtes Nadelöhr. Das Anlageuniversum selbst, aus dem sie die Titel herausfiltern, ist dabei deutlich größer, und sollte die Titel der gängigen Indizes (S&P 500, STOXX Europe 600 …) umfassen.

8. **Auszahlungen:** Aus der Portfoliokonstruktion ergibt sich die Höhe der realistischen Auszahlungen. Diese werden aus den Ausschüttungen der Wertpapiere und einer (teilweisen) Realisierung der Kursgewinne vorgenommen.

9. **Glättung der Auszahlungen:** Die Auszahlungen schwanken über die Zeit. Es müssen in guten Marktphasen Rücklagen gebildet werden die in schwachen Marktphasen als Puffer wieder aufgelöst werden können. Ziel ist es ja, dass die Substanz der Anlage mittel- bis längerfristig erhalten bleibt.

10. **Abgeltungsteuer:** Auf privater Ebene fallen beim Verkauf von Wertpapieren Steuern auf die Kursgewinne an. Entsprechend kann bei Reinvestition weniger reinvestiert werden. Bei Fonds sieht das Ganze etwas anders aus. Aber dazu später etwas mehr.

---

**Fragen**

---

Sie wollten doch eigentlich Ihr Geld für sich arbeiten lassen, oder? Warum machen Sie sich dann diese ganze Arbeit?

---

## 4.3    Kapitaleinkommen: „Ich lass' mal machen"-Methode

Lösungen, die alles für Sie managen, gibt es. Da der Markt für Kapitaleinkommensprodukte sehr dynamisch ist und ein breiter werdendes Angebot bereithält, will ich mich hier nicht auf einzelne Produkte, sondern auf Hilfen zur Produktauswahl kaprizieren.[1]

---

[1] Alles andere wäre auch unfair, da ich selbst für eine Fondsgesellschaft arbeite. Auch wenn dieses Buch ein privates Projekt ist, so kann ich Voreingenommenheit nicht ausschließen.

Wie also finden Sie das richtige Kapitaleinkommensprodukt?

1. Ihr **Risikoprofil** haben Sie bereits festgelegt, z. B. mit der „X – Lebensalter-Methode", wie vorher beschrieben.

2. Die **Schlüsselfrage** ist, was Ihr Anlageziel ist: zuerst Kapitaleinkommen, oder vielleicht sogar auch Kapitalwachstum? Das dürfte ganz von Ihrer Lebenssituation abhängen. Dabei kann es entweder Ziel sein, nur die Dividenden auszukehren, und die Kursgewinne weitestgehend unangetastet zu lassen, wodurch es zu einem Kapitalzuwachs über die Zeit kommen sollte. Oder das Kapitaleinkommen steht im Vordergrund. D. h. die Substanz soll erhalten bleiben, ansonsten wird alles ausgeschüttet, inkl. der realisierten Kursgewinne. Letzteres dürfte von jenen bevorzugt werden, die auf ein ergänzendes Kapitaleinkommen für den täglichen Lebensbedarf setzen, z. B. weil daraus die 4-Tage-Woche, ein Sabbatical oder auch ein früherer Renteneintritt finanziert werden soll. Wer mehr auf ein Zubrot z. B. als Urlaubsgeld, für Hobbies, oder Restaurantbesuche setzt, dürfte tendenziell noch etwas jünger sein, und auch auf Kapitalzuwachs achten. Denn es gilt was immer gilt: Die Inflation darf nicht vergessen werden.

3. **Produktauswahl:** Dann suchen Sie das für Sie passende Produkt, oder einen Berater, der Ihnen dabei hilft. Wir bewegen uns im Bereich der Fonds und ETFs, Anlagelösungen, die leicht investierbar sind, sich bei Bedarf schnell wieder versilbern lassen, und die i. d. R. breit diversifiziert in einen Strauß an Wertpapieren anlegen, die als Teil eines Sondervermögens alle Ihnen gehören.

4. **Tranche:** Sie wählen eine monatlich ausschüttende Tranche. Oft handelt es sich dabei um eine Tranche, eines bereits erfolgreichen Fonds, die dann, anstatt zu thesaurieren oder nur einmal jährlich auszuschütten, auf einen monatlichen Ausschüttungsrhythmus umgestellt wird, was an einem Namenszusatz erkennbar ist, der allerdings nicht brancheneinheitlich ausgewiesen wird.

5. Am Ende kann dann eine Zahl draufstehen, z. B. „6 %". Heißt so viel: Bei einer Anlagesumme von 100.000 € wird eine Ausschüttung von 6000 € pro Jahr angestrebt. Pro Monat wären das (lassen wir die unterjährige Verzinsung der Einfachheit halber mal außen vor) 500 €. Damit lässt sich schon was anfangen, oder?

6. **Steuern:** Steuern nicht vergessen, diese sollten schon bei der Investitionsentscheidung mitberücksichtigt werden, nicht, dass die Ausschüttungen nach Steuer am Ende hinter dem Bedarf zurückbleiben., Dazu mehr in Abschn. 2.6.4.

7. **Genießen!** Kapitaleinkommen ist ein Privileg, von dem zu wünschen ist, dass immer mehr Menschen in seinen Genuss kommen. Das Kapital dafür aufzubauen – dafür ist es nie zu spät.

## 4.4 Herzstück: Das monatliche Einkommen

Wie werden die monatlichen Ausschüttungen festgelegt und wie verlässlich sind sie?

Hinter den Ausschüttungen können sowohl die laufenden Erträge (Kupons, Dividenden) stecken, als auch anteilig realisierte Kursgewinne. Anders als bei einem Auszahlplan (einem quasi umgekehrten Sparplan), bei dem das Kapital über die Zeit mit ausgezahlt wird, sollte die ursprünglich investierte Substanz mittel- und langfristig nicht angetastet werden. Was (anteilig) versilbert werden kann, sind Kursgewinne.

Und jetzt wird es spannend: Denn anders als beim Arbeitseinkommen, bei dem Monat für Monat ein gleicher Betrag ausgezahlt wird, kann es beim Kapitaleinkommen zu (meist nur kleineren) Schwankungen kommen. Hintergrund ist die Tatsache, dass Kapitalmarktprodukte atmen: Kurse können steigen oder fallen, Dividenden ändern sich, Anleihen mit einem festen Kupon laufen aus und müssen zu neuen Konditionen angelegt werden, es kommt zu Wechselkursschwankungen, wenn die Anlage z. B. in US-Dollar erfolgt, aber in Euro ausgezahlt wird, … ein möglichst gleichbleibendes Kapitaleinkommen auszuschütten ist eine Kunst.

Auch hier gilt: Ein einheitliches Vorgehen gibt es nicht, was oft auch dem Produkt und den damit verbundenen Anlegerpräferenzen geschuldet ist. Allen Produkten sollte jedoch gemeinsam sein, dass zumindest der Substanzerhalt auf mittlere und längere Sicht im Mittelpunkt steht. Das Kapitaleinkommen wird aus anfallenden Dividenden und Kupons gezahlt, die über die Monate geglättet werden. Kursgewinne können ebenfalls anteilig realisiert und ausgeschüttet oder als Puffer genutzt werden, wenn es einmal in einem Monat nicht genügend auszuschütten gibt.

Bleibt die Herausforderung, dass das investierte Kapital sich in seiner Höhe verändert. Beispiel: Nehmen wir einfach eine jährliche Ausschüttung von 6 %. Diese werden auf Investitionen berechnet, die mit den Wertpapierkursen schwanken – nach oben wie nach unten. Ein probater Weg ist es z. B. die Auszahlungen in ihrer absoluten Höhe zu Beginn des Jahres festzulegen. Sind die Kurse z. B. von 100 auf 80 € gefallen, sinken auch die Auszahlungen von 6 € auf dann 4,8 € (80 € × 6 %) p.a. also von 50 auf 48 Cent pro Monat. Steigen die Kurse auf 120, werden 7,2 € ausgeschüttet. Macht monatlich 60 Cent. Statt dass der

Kurswert zum Beginn des Jahres als Bemessungsgrundlage genommen wird, kann dies Bemessungsgrundlage alternativ auch monatlich neu festgelegt werden.

Das zeigt auch wie wichtig das zugrunde liegende Fondskonstrukt ist. Je mehr Anleihen enthalten sind, desto weniger sollte es schwanken, und desto stabiler sollte sich auch das Kapitaleinkommen entwickeln. Je mehr Aktien enthalten sind, desto stärker ist mit Kursschwankungen zu rechnen – desto größer ist aber auch die Change auf Kurs- und damit Kapitalzuwächse.

## 4.5  Kein Einkommen ohne Steuer

Sie kennen das: Ob sie Geld einnehmen (Einkommensteuer), ausgeben (Mehrwertsteuer), sparen oder investieren (Abgeltungsteuer), in Deutschland geht nichts ohne Steuer. Bei Kapitalerträgen gilt das ebenso. Das Fiese dabei ist, dass die Inflation bei der Besteuerung nicht berücksichtigt wird. Nicht nur, dass die Freibeträge kaum mitwachsen, es wird immer der nominale Ertrag versteuert, nicht der reale, also jener, der Ihnen nach Inflation bleibt. Beispiel: Sie investieren 100 €, bekommen 3 €, wenn sich die Inflation aber auf 2 % im Anlagezeitraum belief, haben sie real nur einen Euro gewonnen. Versteuert werden – Sie ahnen es – aber 3, nicht 2 €.

Darüber können Sie sich ärgern, Sie können es aber auch bleiben lassen, und die Inflation ganz einfach als Erinnerung daran nehmen, dass Sie Ihr Geld auf jeden Fall renditeträchtig investieren sollten, und bei der Festlegung Ihres Bedarfs an Kapitaleinkommen die Abgeltungsteuer nebst Solidaritätszuschlag und ggf. Kirchensteuer mitberücksichtigen. Der benötigte Anlagebetrag wird unter Berücksichtigung der Steuer größer.

Die Abgeltungsteuer, die auf Einkünften die über dem Sparerpauschbetrag bzw. dem Grundfreibetrag (sofern dieser für Sie relevant ist) liegen, anfällt, betrifft sowohl bei Verkauf realisierte Kursgewinne als auch auf Kapitalerträge, also z. B. Dividenden. Der Steuersatz beläuft sich auf 25 % zzgl. Solidaritätszuschlag (5,5 % auf die Abgeltungssteuer) und ggf. Kirchensteuer. Bei Fonds kommt es, anders als bei Einzelwerten, zu einer sogenannten "Teilfreistellung". Bei Aktienfonds (inkl. ETFs) beläuft sich diese auf 30 %, bei Mischfonds auf 15 %. Das heißt 30 % respektive 15 % der Ausschüttungen werden von der Besteuerung ausgenommen. Der Sparerpauschbetrag beträgt seit dem 1. Januar 2023 1000 € pro Person. Für Ehepaare oder eingetragene Lebenspartnerschaften gilt ein gemeinsamer Pauschbetrag von 2000 €. Kapitalerträge bis zu dieser Höhe bleiben steuerfrei. Juchhuu.

► **Tipp**

Apropos Steuern: Einkünften aus Vermietung und Verpachtung werden mit dem persönlichen Einkommensteuersatz besteuert, nachdem
Werbungskosten wie Zinsen, Abschreibungen, Nebenkosten, Repara-
turen abgezogen wurden. Wird die Immobilie aus Privatvermögen
nach 10 Jahren verkauft, ist allerdings auch der Wertzuwachs steuerfrei – anders als bei Wertpapieren.

Was ist Ihnen lieber: Einkommen aus Mieteinnahmen, oder Einkommen aus Kapital?

Tipp: Mein Fonds hat mich noch nie Sonntags angerufen weil der
Wasserhahn tropft.

Liegt das zu versteuernde Einkommen unter dem Grundfreibetrag (2025) von
11.604 € für Alleinstehende bzw. 23.208 € für Ehepaare pro Jahr, so bleiben Ein-
künfte bis zu dieser Größenordnung ebenfalls steuerfrei. In diesem Fall sollten sie
sich eine Nicht-Veranlagungsbescheinigung vom Finanzamt ausstellen lassen und
diese dann an ihre Bank weiterleiten, dann werden die Kapitalerträge steuerfrei
ausgezahlt. Für Erwachsene ist dies im Regelfall kaum eine Möglichkeit – aber
denken Sie doch an Ihre Kinder und Enkelkinder. So ein Großeltern-Bafög
bekommt dann einen ganz anderen Drive. Damit hier alles richtig läuft, nehmen
Sie aber lieber – sicher ist sicher – einen Steuerberater mit rein.

**Zusammenfassung**

Nun aber: Viel Erfolg! Lassen Sie Ihr Geld für sich arbeiten!◄

# Bonus-Track: Kapitalaufbau mit einem Sparplan 5

Zugegeben: Einen gravierenden Schönheitsfehler hat das Kapitaleinkommen: Es setzt Kapital voraus. Dieses kann aus Verkäufen anderer Vermögenswerte, z. B. Immobilien, kommen oder aus Schenkungen und Erbschaften. Und in einer älter werdenden Gesellschaft steigen auch die Volumina, die von der einen auf die nächste Generation weitergegeben werden. Dazu kommen noch andere Kapitalanlagen oder Bankeinlagen, die umgewidmet werden können. **Was aber, wenn das Kapital fehlt?** Dann muss es aufgebaut werden. Das erfordert Disziplin und geht am besten mit einem Sparplan. Dabei gilt: Wer früh auch mit nur kleinen Beträgen beginnt, baut schneller Vermögen auf und kann früher auf Kapitaleinkommen setzen.

Ein Sparplan hat gleich fünf Vorteile:

1. Der **Selbstüberlistungseffekt (1)** –Verhaltensökonomie also auch hier: Wer regelmäßig spart, muss nicht jedes Mal aufs Neue entscheiden, was er zurücklegen will. Er oder sie sparen automatisch. Das Geld, das nicht mehr auf dem Konto ist, kann auch nicht ausgegeben werden. Am besten ist es daher, wenn die Beiträge für den Sparplan direkt abfließen, sobald das Gehalt kommt. Und: Ist ein Sparplan erst einmal angelegt, kann schnell per Einmalzahlungen weiteres Geld dazu eingezahlt werden. Geld zur Konfirmation, Sonderzahlungen beim Arbeitseinkommen, kleinere und größere Verkäufe, u.v.m. Das Schöne dabei: Nichts ist leichter als einen Sparplan zu eröffnen.
2. Der **Selbstüberlistungseffekt (2).**Wie hoch der Beitrag sein sollte? Lieber weniger und durchgezogen, als viel und verschoben. Hand aufs Herz: 10 % vom Nettoeinkommen sind für Verdiener eine gute Regel, ber das monatlich zur Seite zu legen fällt den meisten Menschen schwer. Überlisten Sie sich

H. Naumer, *Kapitaleinkommen in Zeiten der Disruption*, essentials, https://doi.org/10.1007/978-3-658-49199-4_5

auch hier: Fangen Sie mit einem kleinen, regelmäßigen Beitrag an und dyna-
misieren Sie diesen mit Ihrem Einkommen. 50 % von einem Gehaltsanstieg
gehen in den Sparplan, den Rest verkonsumieren Sie. Wetten, dass Sie mit
dieser Dynamisierung sehr schnell auf mehr als 10 % Sparbeitrag kommen?

3. Der **Zinseszinseffekt:** Werden Zinsen und Dividenden nicht entnommen, sondern wieder investiert, wächst das Kapital – in Abhängigkeit von der Rendite
   der Anlage – über längere Zeiträume viel schneller an.

4. Der **Durchschnittskosteneffekt:** Sie kennen das. Sie zahlen jeden Monat
   einen gleichbleibenden Betrag in einen Sparplan ein. Fallen die Preise, kaufen
   Sie mehr Wertpapiere. Steigen die Preise kaufen Sie weniger.

5. Der **Diversifikationseffekt:** Bei einem Sparplan empfiehlt es sich immer, statt
   auf nur wenige Aktien (oder Anleihen) zu setzen, breit gestreut anzulegen.
   Diese Diversifikation (breite Streuung von Risiken) ist das einzige „free lunch" am Kapitalmarkt, wenn es darum geht das Risiko zu senken, und sie lässt
   sich mit einem Sparplan leicht umsetzen. Und: Nichts leichter als eine breite
   Streuung. Aktienfonds und ETFs bieten genau dies.

▶     Ein Sparplan hat mindestens 5 Vorteile beim Vermögensaufbau.

Der **Zinseszinseffekt** in Abhängigkeit der Rendite wird an folgendem Beispiel
deutlich: Angenommen, jemand möchte 100.000 € über einen bestimmten Zeitraum ansparen. Hat er 40 Jahre Zeit, muss er, bei einer unterstellten Rendite von
6 % p.a. monatlich 52,15 € zur Seite legen. Hat er nur 30 Jahre Zeit, sind es
schon 102,90 €. Bei 20 Jahren sind es 219,41 €, bei 10 Jahren über 600 €. Wer
schafft das schon? Also, so früh wie möglich beginnen.

Die unterstellten 6 % sind, so zumindest die historischen Daten, für eine
Mischung aus Aktien und Anleihen realistisch. Wer dagegen rein auf Aktien
setzt, wird vermutlich eher 8 % p. a. unterstellen. Das Beispiel in Abb. 5.1 mit
8 % zeigt, wie viel mehr Musik bei einer höheren Rendite drin ist. Der Zeitfaktor
ist auch hier entscheidend.

Ein bisschen Motivation gefällig? Nehmen wir an, Ihre Eltern haben zu
Ihrer Geburt mit einem Sparplan für Sie begonnen und monatlich 50 € auf
einen breiten Korb europäischer Aktien eingezahlt, wie sie der STOXX Europe
600 abbildet. Diesen Sparplan haben Sie fortgeführt. Über die ersten 40 Jahre
wären 24.000 € eingezahlt worden. Aktueller Gegenwert: knapp 150.000 €.
Das Ergebnis für unterschiedliche Laufzeiten sehen Sie in Abb. 5.2. Und natürlich: Es muss nicht bei den monatlichen Sparraten bleiben. Es lässt sich auch
immer ganz flexibel noch was extra einzahlen. Urlaubsgeld, Boni, Geldgeschenke,
Gehaltserhöhungen – Möglichkeiten, für Extrazahlungen gibt es viele.

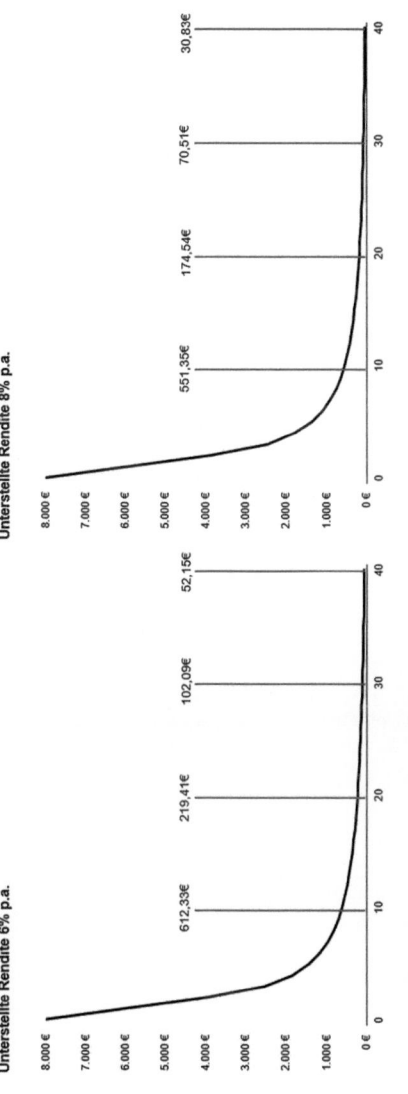

**Abb. 5.1**   Wieviel muss monatlich bei welcher Rendite gespart werden, wenn 100.000 € in einer bestimmten Zeit erreicht werden sollen?

**Abb. 5.2**  Für einen Sparplan ist immer der richtige Zeitpunkt

Also: Fangen Sie an! Ob Sie Geld anlegen und Kapitaleinkommen erzielen möchten, oder erst Vermögen bilden wollen, das Ziel ist klar: Lassen Sie Ihr Geld für sich arbeiten. Wer früher beginnt, kann auch früher Kapitaleinkommen beziehen.

# Was Sie aus diesem *essential* mitnehmen können:

- Sie verstehen, wie Demographie und Digitalisierung/Künstliche Intelligenz unsere Gesellschaft und Arbeitswelt disruptieren,
- und warum es immer notwendiger wird, dass wir unser Geld für uns arbeiten lassen, anstatt für unser Geld zu arbeiten.
- Wie Sie, im Abgleich von Risiko und Rendite, Kapitaleinkommen erzielen können, das als Ergänzung zum Arbeitseinkommen oder für die Altersvorsorge von zunehmender Bedeutung ist.

# Literatur

Autor, D. (2014). *Polanyi's paradox and the shape of employment growth (No. w20485).* National Bureau of Economic Research.

Basse, T., & Reddemann, S. (2011). Inflation and the dividend policy of US firms. *Managerial Finance, 37*(1), 34–46.

Benartzi, S. (2012). *Save more tomorrow: Practical behavioral finance solutions to improve 401 (k) plans.* Penguin.

Bonin, H., Gregory, T., & Zierahn, U. (2015). *Übertragung der studie von frey/osborne (2013) auf deutschland. No. 57.* ZEW Kurzexpertise.

Brynjolfsson, E., & McAfee, A. (2014). *The second machine age: Work, progress, and prosperity in a time.* Norton.

Freeman, R. B. (2018). Employee and citizen ownership of business capital in the age of AI Robots. CSR und Mitarbeiterbeteiligung: Die Kapitalbeteiligung im 21. Jahrhundert– Gerechte Teilhabe statt Umverteilung, S. 101–108.

Frey, C. B., & Osborne, M. A. (2017). The future of employment: How susceptible are jobs to computerisation? *Technological forecasting and social change, 114*, 254–280.

Grabka, M. M. (2021). Ungleichheit der Haushaltsnettoeinkommen-Trends, Treiber, Politikmaßnahmen. *Wirtschaftsdienst, 101*(7), 508–515.

Holzhausen, A. (2024). Das Vermögen der Deutschen und ihr Sparverhalten im internationalen Vergleich. Vermögensbildungspolitik: Wohlstand steigern-Ungleichheit verringern-Demokratie stärken, S. 75–85.

Ibbotson, R. G., & Chen, P. (2003). Long-run stock returns: Participating in the real economy. *Financial Analysts Journal, 59*(1), 88–98.

Michaely, R., Rossi, S., & Weber, M. (2018). *The information content of dividends: Safer profits, not higher profits.* National Bureau of Economic Research.

Moortgat, L., Annaert, J., & Deloof, M. (2024). The long-run persistence in dividend policy. *Cliometrica*, S. 1–31.

Naumer, H.-J. (2016). Überliste Dich selbst, *Versicherungsmagazin,*12/2016, S. 26 & 27

Naumer, H.-J. (2018). Bedingungsloses Grundeinkommen für das zweite Maschinenzeitalter. In *CSR und Mitarbeiterbeteiligung: Die Kapitalbeteiligung im 21. Jahrhundert. Gerechte Teilhabe statt Umverteilung* (S. 109–118). Springer Berlin Heidelberg.

Naumer, H.-J. (2023). *Grünes Wachstum: Mit „Green Growth" gegen den Klimawandel und für die Nachhaltigkeitsziele.* SpringerGabler.

Naumer, H.-J. (2024a). Zwischen „Arm "und „Reich "– die Risikoprämie als verges-
sene Größe in der Verteilungsdebatte (eine Wiederaufnahme). *Vermögensbildungspolitik:
Wohlstand steigern–Ungleichheit verringern–Demokratie stärken* (S. 207–214). Springer
Fachmedien Wiesbaden.

Naumer, H.-J. (2024b). Wohlstand steigern, Ungleichheit verringern, Demokratie stärken–
ein 24-Punkteplan für eine Politik zur Vermögensbildung. *Vermögensbildungspolitik:
Wohlstand steigern–Ungleichheit verringern–Demokratie stärken* (S. 313–320). Springer
Fachmedien Wiesbaden.

Naumer, H. J., & Hofrichter, S. (2025). *Kapitalismus Populismus Demokratie*. Warum Populismus Ihren Wohlstand gefährdet. Springer-Verlag.

Popper, K. R. (2003). *Das Elend des Historizismus*. *Studienausgabe* (Bd. 4). Mohr Siebeck.

Rifkin, J. (1998). The end of work: The decline of the global labor force and the dawn of the
post-market era. *Journal of Leisure Research, 30*(1), 172.

Rifkin, J. (2014). *The zero marginal cost society: The internet of things, the collaborative
commons, and the eclipse of capitalism*. Macmillan.

Schirrmacher, F. (2006). *Das Methusalemkomplott*. Karl Blessing Verlag

Skinner, D. J., & Soltes, E. (2011). What do dividends tell us about earnings quality? *Review
of Accounting Studies, 16*, 1–28.

Südekum, J. (2018). Der Aufstieg der Roboter im deutschen Arbeitsmarkt. CSR und Mitarbeiterbeteiligung: Die Kapitalbeteiligung im 21. Jahrhundert–Gerechte Teilhabe statt
Umverteilung, S. 91–100.